福建省社会科学普及出版资助项目

（2017年度）

编委会

主　　任：林蔚芬
副主任：缪建萍　游炎灿
委　　员：李道兴　杨文飞　李培鋗

福建省社会科学普及出版资助项目说明

福建省社会科学普及出版资助项目由福建省社会科学界联合会策划组织和资助出版，是面向社会公开征集、统一组织出版的大型社会科学普及读物，旨在充分调动社会各界参与社会科学普及的积极性、创造性，推动社会科学普及社会化、大众化，为社会提供更多更好的社会科学普及优秀作品。

"海丝"名城说泉州

陈桂炳 / 编著

海峡出版发行集团 | 海峡文艺出版社

图书在版编目(CIP)数据

"海丝"名城说泉州/陈桂炳编著.—福州:海峡文艺出版社,2018.7(2019.2重印)
ISBN 978-7-5550-1421-8

Ⅰ.①海… Ⅱ.①陈… Ⅲ.①文化名城—介绍—泉州 Ⅳ.①K295.73

中国版本图书馆 CIP 数据核字(2018)第 034743 号

"海丝"名城说泉州

陈桂炳　编著

出 版 人	林玉平
责任编辑	余明建
出版发行	海峡文艺出版社
经　　销	福建新华发行(集团)有限责任公司
社　　址	福州市东水路 76 号 14 层　　邮编　350001
发 行 部	0591—83779150
印　　刷	福建新华印刷有限责任公司　　邮编　350011
厂　　址	福州市福新中路 42 号
开　　本	787 毫米×1092 毫米　1/16
字　　数	100 千字
印　　张	7.5
版　　次	2018 年 7 月第 1 版
印　　次	2019 年 2 月第 2 次印刷
书　　号	ISBN 978-7-5550-1421-8
定　　价	25.00 元

如发现印装质量问题,请寄承印厂调换

目　　录

第一章　立足之地话泉州 / 1

　　一、"闽在海中"：泉州"海丝"文化的源头/1

　　二、"沉东京，浮福建"传递的待解信息/4

　　三、泉州的三大湾十二支港/9

第二章　汉人南迁聚晋江 / 13

　　一、汉人南迁泉州的历史考察/13

　　二、东安县——治在晋江畔的闽南第一县/18

　　三、泉州在闽南区域史的重要地位/21

第三章　涨海声中万国商 / 27

　　一、唐代泉州跻身我国四大外贸港/27

　　二、宋末泉州跃居我国最大外贸港/33

　　三、元代泉州为世界东方第一大港/44

第四章　海神妈祖泉州缘 / 50

　　一、作为人神崇拜的妈祖其人其事/50

　　二、从"湄洲神女"到"泉州神女"/55

　　三、香火鼎盛的泉州妈祖庙/59

第五章　世界宗教博物馆 / 66

一、道教在泉州已传承了1700多年/66

二、佛教：最早传入泉州的外国宗教/71

三、伊斯兰教、基督教、摩尼教、婆罗门教等/78

第六章　跟随郑和下西洋 / 86

一、郑和与泉州回族有血缘亲/86

二、跟随郑和下西洋的泉州人/89

三、郑和下西洋，泉州留史迹/99

第七章　海丝之路再扬帆 / 105

一、古代海丝文化与当代民营经济/106

二、创建21世纪海上丝绸之路先行区/110

三、"古泉州（刺桐）史迹"申报世界文化遗产/113

第一章　立足之地话泉州

泉州是国务院首批公布的 24 个历史文化名城之一，而在世界的视野中，泉州更是令人向往的"海丝"名城，"海丝"文化是独特的泉州符号。1991 年 2 月 14 日至 19 日，由联合国教科文组织派出的"海上丝绸之路"考察队，在泉州进行了为期 5 天的综合考察活动。当时考察队总协调人迪安博士高度评价泉州，郑重宣布考察团的结论："泉州整个城市是海上丝绸之路博物馆的完美体现，在泉州考察是整个考察活动（按：共考察 16 个国家的 21 个港口及有关城市）的非常重要阶段。丝绸之路是经济文化交流之路，和平发展友谊之路，泉州在新开辟的海上丝绸之路将发挥中心作用。"

泉州凭海而立、因海而兴，因此，要说"海丝"名城泉州，首先就得从"海"字谈起。

一、"闽在海中"：泉州"海丝"文化的源头

1. 先秦奇书《山海经》

在先秦文献中，有一部奇书，也是一部难解的书，叫做《山海经》。福建人对这部书既亲切又困惑。感到亲切的，是因为他们在书中看到了令人眼睛一亮的一个字："闽"；感到困惑的，是书中说"闽在海中"。因为众所周知，"闽"在今天就是福建省的简称，而让人大跌眼镜的是，自古以来被称"八闽大地"的福建，其地理位置是在海峡西岸，站在西

岸看东岸，我国的台湾岛才"在海中"。这到底是怎么一回事呢？真是让人摸不着头脑。

正因为是一部难解的书，所以《山海经》自问世以来，就有不少人从不同角度对该书进行解读。当代的专家学者较多地认为，《山海经》的基本性质可以说是上古时期的一部地理著作，在中国文化史上有一定地位。而研究中国海洋文化的专家学者则进一步指出，《山海经》荟萃了地理舆图、神话传说、土风异俗，不仅是中国最早关于地理学、博物学、方志学、风俗学与神话的小百科全书，而且就其内容与文化特征看，可以说是中国海洋文化的开山之作。

2. 学者对"闽在海中"的解读

基于"闽"这个关键字，许多研究福建历史文化的专家学者，也对《山海经》中的"闽在海中"这四个字展开了讨论，见仁见智。厦门大学著名的历史学家杨国桢教授，有一本学术专著，书名的正题就叫做《闽在海中》，副题为"追寻福建海洋发展史"。

杨教授在该书一开篇就告诉读者：

> "闽在海中"，这是《山海经》对福建的描述。《山海经》为周秦间人所述，西汉末刘秀校定，许多资料源于远古传闻。遥想远古时代，在黄河流域创造农业文明的先民们，遇到了从南方海上漂航而来的族群，得知这些称为"闽"的人，居住在海的深处。海洋的神秘，也使僻处海隅的"闽"披上神秘的面纱。岁月流逝，留下的只是"闽在海中"的社会记忆。

杨教授在考察福建自远古至元代的海洋发展史时指出：生活在福建沿海地区的古闽人和闽越族，属于海洋民族。海岸采拾贝类可以追溯到6000多年前，近岸以至海洋飘航发源甚早。以海为生、习水便舟的习性，铸造了"闽在海中"的形象。移民入闽的汉族，在与闽越族的族群互动中成为福建民族主体之后，闽东南海岸带便逐渐形成"以海为田"

的海洋发展模式。

《瞭望》周刊1991年第12期发表了我国著名的社会学家、人类学家费孝通教授的《侨乡行》一文，这是他（时任全国人大常委会副委员长）专程到福建沿海的泉州和福清一带考察后写的。该文的第一个小标题是"从念'山海经'到大打'侨牌'"。他说："打'侨'牌与念'山海经'是衔接的，但已大大地跨出了一步"。

对于"大念山海经"，费教授是这样阐发的：

福建人20世纪80年代所念的"山海经"一词，就是移用于先秦文献《山海经》的书名，因此，费教授说福建"着眼于沿海居住的人的历史与现实"，在新的历史时期念一部新的山海经，也是顺理成章的事了。

费教授和杨教授分别从社会学和历史学的不同学科角度阐述了"山海经"和"闽在海中"，对我们不仅有很大的启发，而且有很大的现实意义。福建的历史发展离不开海，昨天是，今天也是，明天更是。

杨教授《闽在海中——追寻福建海洋发展史》一书，从经济、航路、移民、社会、人物五个方面进行专题论述，并非对"闽在海中"的全方位描述。他说解读"闽在海中"，势必持续不断地进行下去。根据该书的写作旨趣，杨教授从《山海经》里获得的信息是：闽人是一个航海的民族。

福建是亚欧大陆的一部分，为何《山海经》里会有"闽在海中"的说法？有人猜测"闽"作为一个地理名词，在其尚未最后形成我国大陆南部地区的一部分之前，指的是大海中的一个岛屿；也有人认为，我国大陆远古时被海水浸入内地，福建当时有许多地方还在海中，海岸线比现在更接近内地，后来"闽"人为拓展生存空间，大力围垦造田，这样福建海岸线就不断地向海洋深处伸去，许多岛屿与大陆连成一片，因此也就有了"闽在海中"的说法。

要说清楚为什么"闽"是"在海中"这个问题还真不容易，恐怕在目前是很难有个让大家都较为满意的答案,尚有待于继续深入研究。

福建三面环山,一面靠太平洋,这种独特的地理位置使得福建文化既有大陆文化的特点,又天然地具备了海洋文化的基因。位于海峡西岸的泉州,由于历史的原因,其海洋文化的色彩特别浓厚。显然,2000多年前写在《山海经》中的"闽在海中"这四个字,可视为泉州"海丝"文化的源头。

二、"沉东京,浮福建"传递的待解信息

1. 对"沉东京,浮福建"这句古老俗语的不同看法

《山海经》中的"闽在海中"四字,向我们揭示了泉州"海丝"文化的源头,而长期以来流传于泉州等沿海地区的一句古老俗语"沉东京,浮福建",则向我们传递了另一个有待解读的古代信息。

要解读"沉东京,浮福建"这六个字,首先得从"东京"两字说起。

"东京"作为我国古都名,在不同的历史时期所指各不相同,如:东汉建都洛阳(今河南洛阳),因在西汉旧都长安(今陕西西安)之东,故称东京,而称长安为西京;北周建都长安,579年以洛阳为东京;隋朝建都大兴(今陕西西安),罢东京,后隋炀帝又一度以洛阳为东京;唐朝建都长安,657年以洛阳为东都,一称东京,后名称又有互替;五代时后唐建都洛阳,曾一度以魏州(治所在今河北大名东北)为东京;五代时后晋、后汉、后周和北宋均建都汴(今河南开封),号称东京。

但是,民间所流传的"沉东京",其"东京"所指的范围则大大超过我们一般所认知的"东京"。有泉州地方文史研究者梳理出关于"沉东京"六大可能。

其一,因地震而导致"东京"下沉。但是这"东京"指的是位于福

建沿海古代人曾生活过的某个地方，后来因为发生地震或者地质运动而沉入海中。支持这种可能性的证据，就是沿海渔民时常从闽中、闽南和粤东沿海的海底打捞出一些古人用过的日常生活物品。这个沉没的地方就是后人所说的"东京"。这种看法为不少普通百姓所认同，尤其是居住在沿海地区的渔民。

其二，"东京"指的是历史上北宋的都城开封。开封是北宋的政治文化中心，而那时的泉州已是闻名全国的一个重要通商港口，传闻中沿海"东京大路"石碑，就是指引海外来泉州的商人及泉州本地要前往京城开封参加科考读书人的一块指示路碑。后来随着北宋的灭亡与南宋的建立，宋朝政治文化中心南移，开封原有的地位被削弱，因此民间就有了"沉东京"的说法，而认同这种说法的人也较多。

其三，"沉东京"意味宋朝的最后灭亡。指赵宋王朝（前后分为北宋与南宋）由衰弱到灭亡。相对于上述的第二种看法，这种看法就时间而言，主要讲的是南宋最后灭亡这一时期。

其四，"沉东京"与郑氏时期的台湾有关。台湾在郑氏时期时曾短暂有过"东都"之称，民间也有人称其为"东京"。"东京大路"石碑为郑成功所立，为的是反清复明，树立指向台湾的路标。

其五，"沉东京"指称近代台湾的沦陷。如上所述，台湾历史上曾有过"东都"或"东京"之称，因此当1895年甲午战争之后，台湾被日本人占领，民间就说"沉东京"，指的是台湾沦陷。

其六，把"东京"指称于同名的日本首都东京。这个附会缘于明代嘉靖年间（1522～1566年）倭寇大肆侵扰东南沿海地区之患。说是倭寇往往从海边上岸后很难找到回到海里的路，于是就在一些关键路口立了一些刻有"东京大路"或"往东京大路"等字的石碑，为的是找寻回到海边的路，以便从海上回到日本。

2. 答案尚有待于继续探讨

我们可以把上述的六种说法大致梳理一下。

第一种说法有一定的合理性，因为它正好与历史地质学的研究成果存在着某种偶然性暗合。

据研究，如今隔海相望的闽台两地，在远古时曾同属于大陆板块，连成一片。在第三纪中新世（始于约 2380 万年前，结束于约 532 万年前），由于海峡地壳断陷，海水入侵，闽台两地才分离开来。但自第四纪（始于约 181 万年前至今）以来，由于全球性冰川作用，海水大幅度升降，闽台两地出现多次连接和分离，最后一次分离是距今约 1.4 万至 1.2 万年之间。可见，在全球性冰川的作用下，今福建陆地历史上曾出现所谓"浮"出海面的地质现象，也就不奇怪了。

近年来在地方媒体披露的一些有关信息，也可以为第一种说法提供支持。在闽南的三个海湾，先后发现了三片海底古森林：泉州市深沪湾的海底古森林，发现于 1986 年 6 月，距今约 7000 年左右；泉州市惠女湾的海底古森林，发现于 1986 年 8 月，距今约 6900 年左右；漳州市前湖湾的海底古森林，发现于 1999 年 10 月，距今约 43000 年（这是至目前为止发现的世界最老海底古森林）。这三片海底古森林，两片在泉州，一片在漳州，而漳州民间同样也有"沉东京，浮福建"的说法。

问题在于伴随着福建的"浮"，下沉的"东京"指的是哪里呢？

第二种说法与第三种说法大同小异，如果是可信的话，那么这下"沉"的"东京"，显然是虚指而不是实指，即均立足于政治意义上的表述。

如果从政治的角度解读，认为福建民间长期以来流传着的所谓"沉东京，浮福建"的传说，指的是宋代汴京沦陷后，福建地位逐渐上升的意思，也是说得通的。据说，"沉东京，浮福建"传说的传播地，站在泉州看，东北至浙南，东南至台湾岛，西南至粤东和海南岛，这么大的地域范围，正好是我们经常讲的闽南文化圈，其传播所及，甚至到达闽北早期闽南人移民聚居之地，这个地域空间也正好与历史上临安沦陷后的南宋流亡政权影响范围大致相符。

第四种说法与第五种说法都称所下沉的"东京"是指今天的台湾岛。这两种说法如能成立的话，明显的也是虚指。问题是难以自圆其说。

"东都"一名存在的时间，只有短暂的三年。但要说明的是，"东都"之都并不是指首都，而是类似于我们一般所说的陪都。因此，"东都"并不是郑氏政权的首都，而是郑氏政权当时所遥奉的南明永历皇帝的东方首都，是相对于"西都"（永历皇帝在西南地区的行在）而言的，相当于郑氏政权当时所遥奉的南明永历皇帝之陪都。

第六种说法根本不能成立。

因为把"沉东京"的关键字"沉"去掉不讲（不管是实指还是虚指），只对"东京"二字望文生义，这样的解释是没有半点意义。而且我们在明代倭患的史料中，也没看到有关倭寇在海边找不到回日本之路的记载，客观上也不存在着来福建沿海劫掠杀人的倭寇会立碑指示归路的愚蠢做法。更为关键的是，日本东京的得名始于1868年（此前称江户），至今天也才只有150年的历史，距明代倭患最烈的嘉靖年间（1522～1566年），已过去了约300年了。

地方文史学者陈允敦教授（1902～2002年），是位自小即熟知家乡掌故的地地道道泉州人。陈教授对该问题有专门的学术论文发表，他的看法对我们颇有启示。

陈教授曾经过先后20多年的断续调查和研究，他认为"沉东京"空有其词，查无实据，自属子虚；但写有"东京大路"的碑、路（桥仅一座，就算作路的一段）却确有其物，不容否定。在闽南沿海一带，北起湄洲，南至东山，凡十七个地点，皆有"东京大路"四字的石刻，因此，应将碑和路作为线索，来找出它们所指的东京。

这些刻有"东京大路"的石碑，皆竖立于闽南沿海北来大路的南端，自竖碑处再往南便是海了，而且都是停泊处，碑上的文字又大多面向海洋，可以说这些石碑分明是在昭示舶来的商旅"从此陆行，可抵东京"也。既然从此遵照陆路北上可抵东京，就说明东京是在内陆而不在海中（按：按陈教授的看法，就排除了前面所述的"东京"在台湾岛及日本东京等说法）。而这个东京，在宋代就是开封。

泉州港自唐代走向繁盛，且在宋末跃为全国四大港之首，后来进而名列东方第一大港。由于泉州港具有水深、港阔等许多优越条件，所以当时朝贡使节纷至沓来，随之而到的富商巨贾，更是络绎不绝，目的地大多以东京为中心，旁及沿途四周的城市，其主要是从泉州港登陆；但事实上亦每视朝代之更易，卸货之方便，司舵之选择而停泊船只于附近的港口。故北起惠北、南至东山沿海的码头多立有指路碑以指引舶来旅客。

因此，陈教授认为不要拘泥于探求"东京大路"碑为"沉东京的铁证"，而应物归原主，由海外交通史界将"碑"接受，增添一件货真价实的海交史物证。

"闽在海中"——"沉东京，浮福建"——"海底森林"，作为古老的记载，看得见；作为古老的传说，听得到；作为古老的实物，摸得着。就这些古老的记载和传说而言，应该不会都是无中生有，空穴来风吧。如果把这三者连串起来思考，可能有助于拓宽我们的思路，让我们距离答案更能接近一大步。

既然是"知其然而不知其所以然"，目前我们就不妨把这些来自遥远岁月的文献记载、民间传说和眼前尚存在的海底森林，均视为泉州海洋文化的必然产物，至于"其所以然"，且留待于日后进一步深入研究，不急于做出难以服人的草率结论。

三、泉州的三大湾十二支港

进行与发展海外交通的前提条件是港口的存在。泉州港是我国古代海外交通的重要港口,泉州为发展我国的海外交通和促进中外经济文化交流,发挥过重要的历史作用。没有泉州港就没有泉州"海丝"名城的历史地位。

泉州港地处我国东南沿海,海岸线曲折,避风港口很多,范围广阔,有着得天独厚的自然环境,便于商船出入。我们一般所讲的历史上泉州港的范围,包括了三大湾十二支港,所以向来有"三湾十二港"之称。这"三湾"是指泉州湾、深沪湾和围头湾,"十二港"则指分布于三湾之中的洛阳港、后渚港、法石港、蚶江港、祥芝港、永宁港、深沪港、福全港、围头港、安海港、金井港、石井港等支港。下面分别加以简要介绍。

1. 泉州湾

泉州湾在泉州港北部,自北而南有洛阳、后渚、法石、蚶江四个支港。

洛阳港。位于泉州湾北部,洛阳江(发源于玉州山的马甲溪)下游,是泉州湾中的内海。洛阳江入海时,波涛汹涌,行人须绕道而行,甚为不便。北宋时蔡襄因而倡建了著名的洛阳桥。洛阳江下游有吴宅港,自此港发舶者,多往东南亚一带贸易。始建于北宋皇祐五年(1053年)的洛阳桥,在中国桥梁史上写下光辉的一页,为全国重点文物保护单位。

后渚港。在泉州湾的西岸,洛阳港的西南,背山面海,是个很好的避风港,便于海船停泊和启航。后渚在元时是个大港,元朝至元二十九年(1292年)征爪哇,大军即自后渚港启行。在后山《后山陈氏族谱》

内有许多造船的记载,可见这里有造船的历史传统。1973年,厦门大学庄为玑教授到后渚调查,在运输工人陈山道的指引下,发现了现保存在泉州古船博物馆内的那艘著名的宋船。后渚港为晋江下游主要港口,地位重要,海防建设也较多,在后渚山腰至当代还有土城一个,可能是明代的抗倭遗址。在附近看头村的金山上,也有修建于古代的金山寨遗址。在前往后渚港沿途,有天妃庙七座,以南门、美山二者最大,说明这一带是历史上海上活动繁盛的区域。

法石港。是晋江下游的古港,据清乾隆四十八年碑刻《泽被海滨碑记》载,该港"澳有二十四,而法石为要,盖为遁南关外,外接大坠,实商渔出入必由之所,亦远近辐辏咸至之区,故部馆、文馆、武馆俱设是处,所以稽查透越,盘察漏税,诚重其地也"。宋元阿拉伯商人曾以此为停泊站。日人桑原骘藏考证宋代蒲寿庚的法石寺就在此港。法石港是江海交汇的港口,宋时设有法石寨,中外商人曾荟萃于此。宋代色目人蒲寿庚曾经居住住于此。里有一条"石头街",传说是曾经居住于此的色目人蒲寿庚降元时建造的石路。泉州海交馆曾在该处发现有古船,与后渚所出土的宋船相似,或为同时的文物。

蚶江港。距泉州城东南15千米,在清初很有名,是闽台间的对渡港口。蚶江附近的石湖金钗山上,有北宋政和年间僧人建造的石塔,即有名的石湖塔,可供航海者作为航标。

2. 深沪湾

深沪湾在泉州湾的南部,内有祥芝、永宁、深沪、福全四个支港。它是泉州港往海外航行必经之途,也是我国海防的军事要地,明朝在永宁港设立卫,其地位与泉州卫相等,是保卫泉州港的重镇。

祥芝港。从泉州湾蚶江港南下即为祥芝港,在深沪湾北部,其地理位置在泉州湾与深沪湾之间,如视为泉州湾南部亦无不可。该港兴于北宋。明初,江夏侯建司城曰祥芝城,有南北二门,为明代海防之地。其地突出在东海之滨，亦是捍卫泉州港的重镇之一。

永宁港。在祥芝港之南，位于深沪湾北部。其地明初设防，嘉靖年间为抗倭名城。附近有宝盖山，山顶有关锁塔，南宋初绍兴年间（1131～1162年）僧人建造，盖泉州城关锁水口之镇塔，登塔可望商舶来往，俗名姑嫂塔。

深沪港。在永宁港之南，位于深沪湾之中心口，明初洪武年间（1368～1398年）江夏侯周德兴造为司城。该地自古以来为商渔之乡，是个殷实的港口。

福全港。西南接围头湾，就其地理位置看来，如要归入围头湾亦无不可。此港为番舶避风之门户，有大留、圳上二澳，为要冲之地，明置守都千户所于此，建福全城，这里虽是捍卫海疆的军港，但交通上不甚重要，今已废。

3. **围头湾**

围头湾在泉州港的南端，是避风和通往内陆的海湾，又称围头澳、丙州澳。商船要进入泉州，首先到达围头，而后向西转入内地。该湾有金井、围头、石井、安海四个支港，均位于泉州港之南，或称南港。

金井港。为围头湾内突出半岛南端的支港。在半岛南端的相邻的3个古港，金井靠北，围头靠南，福全靠东，隔海向西南望去便是金门岛。

围头港。在晋江市南端，为围头湾的外港。该港正瞰大海，为南北船舶往来必泊之地。旁有支港，直达石井，形势重要。明初洪武年间江夏侯周德兴即在此建造围头司城。

围头湾伸入内地，湾东属晋江市，有安海、东石、白沙等地，湾西属南安县，有朴兜、水头、石井等地。湾内有石井港，对面为东石港，互为犄角，是泉州的内港。明嘉靖二十四年（1545年），有十数只日本商舟来围头、白沙等地停泊，并在海沙滩上形成市肆。可见东石、石井是内通安海、外通围头的港口。如把东石港也算入统计，那就应称"三湾十三港"了。

安海港。在泉州城西南约 30 千米，均系坦途，围头西北由安海登陆至泉州城，必经安海，为往来泉州之捷径。南宋建炎年间（1127～1130 年），设有安海镇，泉州榷税于此，号"石井津"。安海是一个内港，南宋时，因海寇骚扰，镇官方某始建土城以备之。嘉靖三十七年（1558 年），为防倭寇，知县与邑绅议，即拆东桥石筑安海城。始筑于南宋绍兴八年（1138 年）的安平桥，有"天下无桥长此桥"美称，为全国重点文物保护单位。

这三大湾中，泉州湾是最重要的一湾，为人们所熟悉，在泉州举行的一些大型活动中时常能听到那首歌曲《蓝蓝泉州湾》一开头就唱："蓝蓝泉州湾，青青戴云山，海上丝绸之路从这里铺向世界……"在三大湾十二支港中，又以位于泉州湾的后渚港最大、最著名。该港背山面海，港道深广，是天然良好的避风港，建成后成为宋元时期泉州最主要的对外贸易港。围头湾的安平港是十二支港中的另一个重要港口，港口外有白沙、石井两澳夹峙成海门，海门内港阔水深，无风涛之险，是难得的天然良港，故明代时许多海舶即在安平港出入。

第二章　汉人南迁聚晋江

晋江流域是福建南部最早开发的区域。泉州在历史上是个移民社会，北方汉民迁移入闽，来到泉州，从汉晋一直延续至明清时代，前后经历1000多年，其中又形成了几次高潮。不断增多的汉人后来反客为主，成为泉州人的主体，他们与原来的当地人、外来的"蕃客"及其留居泉州的后裔，共同创造、传承与发展了泉州文化，成为闽南文化的一朵奇葩，从而为中华文化百花园增光添彩。

一、汉人南迁泉州的历史考察

1."泉州"与泉州人

先说"泉州"一名。

"泉州"一名，见载于史书记献甚早。最初为县名，建置于西汉，其县治（治即地方官署所在地，如今天所说的地方政府行政中心所在地）在今天津市武清区西南，北魏时废。"泉州"在古代作为州名，始于隋开皇九年（589年），州治在原丰县（后改名闽县，今福州市），辖今福建全省，今泉州为其属地之一，故今泉州在古代又有"泉南"之称，即泉州（治今福州市）南部。作为今泉州的"泉州"一名，始用于唐景云二年（711年）。

泉州在古代地方行政区划的隶属关系，从先秦到汉，我们只能根据《汉书·地理志》《续汉书·郡国志》等史书中获知，先秦时属故百越地，或据《周礼·职方氏》，称"七闽"之地。秦代属闽中郡。汉初为闽越国（治东冶，今福州市）地。闽越国灭亡后，归属会稽郡（治吴县，今江苏省苏州市）冶县（治今福州市）。汉代在郡一级设置有辅助太守负责社会治安等事务的官员叫都尉，西汉时今福建地属会稽郡东部都尉（驻今温州一带）所统辖。东部都尉在东汉时又进一步分解为两个都尉，其中原有的东部都尉只管辖今温州地区，另在东冶县设南部都尉管辖今福建地。

事实上，由于地理等方面的原因，今泉州在古代的这些辖属关系，都是遥领及羁縻的性质，至公元260年之前，在今泉州地并无任何行政机构的设置。

再说居住在泉州这片土地上的人们。

今泉州地区的居民大多数为汉族，那么当地最早的原住民是谁呢？

根据有关历史文献的记载，秦汉之际福建存在着一个不同于汉族而被称为"闽越"的民族。关于这个闽越族的来源，或认为其主体是土著的原始居民，或认为是周代以来因吴越人群的南迁并与土著居民融合的产物。

如前所述，泉州在先秦时属故百越地，或称"七闽"之地，汉初属闽越国，那么，居住在这片土地上的人们，在不同的时间，或称"越人"，或称"闽越人"，这应该是没有问题的。由于目前多数学者主张"闽"为族称，是先秦时期住在今福建的一个民族，根据这种认识，应该也可以顺理成章地称长期生活在"闽"地的人们为"闽"人。至于这个闽越族的来源，有学者认为，就福建古代史而言，闽和越并不是同一民族，闽是福建的土著，越则是指外来的客族。越族所建立的越国，历史上曾有越王勾践为春秋五霸之一的说法。越王勾践时期曾大力开疆拓土，但今福建地与越国的关系，在史书中找不到明确的记载。因此，有学者认为，越国被楚国灭亡后，越国的贵族向南方播迁，流散于海岛之间，其中亦有一部分进入今福建地区，故被视为外来的客族。或许在越亡国之前，越人已进入今福建地，但相对于原来的土著民族，他们同样也会被视为外来的客族。

在早期的史书中，今泉州地的隶属关系，只能纳入今福建地笼统而言。而在后来的唐宋文献中，已经十分明确指称今泉州早期的土著民为"越人""闽越人"等。如北宋人欧阳忞编著的《舆地广记》载："上泉州。春秋为七闽地，战国为越人所居。"说得非常明白，泉州在战国时期的居民为"越人"。但春秋时期是叫什么人？《舆地广记》中没说。

不管是较早的"闽人"、"越人"，还是其后的"闽越人"，作为族群，早已消失在历史的长河中，但其相关的文化信息，在今天泉州的民俗生活中还能隐约感受到。有民俗学者认为，泉州今天端午节时的"采莲"风俗，乃古越族人的遗风，歌唱中的"唆啰嗹"，据说是古越族人辟邪去灾的咒语；又说是古越族人呼龙舟为"滇濾"，所以才有"唆啰嗹"这种音词。

如果说早期进入今福建地的外来移民是被视为客族的越族，那么其后就是来自北方的汉族了。

2. 北方汉人南迁泉州的历史考察

治福建移民史的学者告诉我们，北方汉人迁移入闽，从汉晋一直延续至明清时代，前后经历1000多年。从北方汉人入迁闽南的时间进程看，他们进入泉州平原的时间要比进入漳州平原的时间早些，也更多些。

北方汉人迁移入今泉州地区，大致始于东汉及孙吴时代。据《闽书》和《惠安政书》记载，最早迁入惠安的北方汉人，有东汉末将军杨大眼，居于其境内杨崎山之南。还有会稽令黄隆，亦于东汉末年弃官入闽，隐居于今惠安南部的灵秀山麓，其后裔分布于惠安及晋江、南安等地。三国时期，又有吴国将军黄兴与妻曹氏弃官居惠安南部的凤山。黄兴毁后，亦葬于此。

三国时期，崛起于江东的孙吴政权，为进一步拓展势力范围，曾先后五次派遣军队入闽，经营闽中，从而带动了大批北方汉民入闽，其中一部分移居泉州。

晋室南渡后至唐之前，迁入泉州平原的北方汉人进一步增加。东晋时期，北方汉人因南北分立而大批南下。

据20世纪60年代至90年代发布的考古发掘报告，在孙吴时期设置的东安县县治所在地丰州，已发掘的两晋南朝的墓地就有17处，其年代明确的有西晋墓1座，东晋墓4座。其中1973年在南安丰州发掘的一座东晋宁康三年（375年）的墓葬，出土了一颗"部曲将印"和有"陈文绛"字样的长条砖等物。说明当时南下定居于晋江流域的陈姓汉人地主豪族已经占有大量田地并拥有"部曲"（私人武装）。此外，永春城关牛头寨也发现东晋纪年砖室墓。清代乾隆年间修撰的《泉州府志》卷十六《坛庙寺观》亦记载，在府治南有西晋太康中（280～289年）创建的白云庙；南安丰州九日山下有西晋太康年间（280～289年）创建的延福寺。虽然其创建年代尚有待于进一步考证，但对我们了解早期迁居泉州汉人的宗教信仰具有重要史料价值。因此，后来在一些全国性的重要文献中，对自"永嘉之迁"以来汉人入居泉州的历史现象，均有概括性的记载，如宋代乐史《太平寰宇记》卷120《泉州》载："东晋南渡，衣冠士族多萃其地，以求安堵"；宋代王象之《舆地纪胜》卷130《泉州·景物上》亦载：晋江"在县南一里，以晋之衣冠避地者多沿江以居，故名"。

中原士民入居泉州后，与土著闽人一道共同开发经营，促进了民族文化融合，为唐宋时代泉州对外通商和泉州港的兴起，创造了先决条件，其历史贡献是应该加以充分肯定的。

唐五代时期，是北方汉人入迁闽南地区的一个关键时期。

在唐代，移民规模较大的是唐前期与后期两次。唐代前期的移民与陈政、陈元光父子自中原入闽南"泉（时'泉州'治在今福州）潮（潮州）之间"（按：即今漳州，当时漳州尚未建置，故有此称）平"蛮獠啸乱"有关。这是一次具有移民性质的进军，完成朝廷交与的军事任务后，这数十姓的府兵将士及其家眷，即落地定居于漳州，繁衍生息，成为开发九龙江流域的骨干力量。但有研究成果表明，这次移民对与漳州接壤且同为闽南文化区域的泉州，也产生了间接的影响。如位于今属丰泽区北峰镇潘山自然村的威武陈王庙，始建者可能是陈元光或当年随陈元光入闽开漳的其他陈姓后裔。潘山的陈姓大户至清末仍甚多，后才陆续外迁。收藏于河南荥阳潘窑村的《潘氏家谱》曰："潘氏先祖唐东齐太守潘源将军于唐仪凤二年（677年）随开漳圣祖陈元光将军入闽平乱，其子孙定居福建泉州潘山。"另在有关漳州历史文化的专著中，也提到陈元光、林孔著、李伯瑶（或其他开漳李姓将士）、许天正、张伯纪等后裔均有人迁居泉州。

虽然谱中所载内容不一定全部可信，但撰谱者当是有所依据，起码可为我们探寻唐代开漳将士后裔迁居泉州的历史提供线索。

唐代北方移民对泉州产生直接影响的是唐代后期王潮、王审邽、王审知三兄弟的入闽，这同样也是一次带有移民性质的进军，且是唐代移民福建人数最多的一次。光启元年（885年），王氏部队进入闽西、闽南，次年八月，占领泉州，泉州即成为王氏兄弟入闽之后的第一个根据地，王潮被福建观察使陈岩奏请为泉州刺史。七年后，王氏部队攻进福州，闽中各地纷纷降服，其政治中心才转移到福州，但泉州仍长期保持着重要的政治地位，王潮于897年逝世后，由王审知执政。继王潮之后任泉州刺史的是其二弟王审邽，继任泉州刺史的又有王审邽儿子王延彬等人。王延彬执掌泉州大权前后16年，当地社会环境相对稳定，社会经济有较大发展，居民已达2.2万多户，16万人。至此，泉州作为一个移民社会，已基本定型。

其后在两宋之交，中原汉人不堪金朝统治，纷纷渡江入闽，掀起了唐宋时代的第三次移民高潮。在这一时期，仅赵氏皇族落籍泉州者就多达 2000 多人，其他士民为数当更多。宋元时代，泉州发展成为我国最大的对外贸易港，这与历代落籍泉州的中原士民及其后裔的努力是分不开的。

基于这种历史背景，郡望堂号的流传，成为包括泉州在内的闽南地区古代文化的一道奇特景观。如今在泉州地区传统的宗族祠堂和砖石建筑的民居大门上，随处都能看到"某某传芳""某某衍派"的横批大字，字体遒劲庄重，反映了他们对中原文化的认同及尊宗敬祖的历史情结。

二、东安县——治在晋江畔的闽南第一县

1. 晋江：泉州的母亲河

古代汉人南迁今天的泉州地区，最初的落脚点是晋江流域，其中下游及中游当为其主要聚居区。这可从东安县的建置得到说明。

让我们先看看福建地理形势和泉州母亲河晋江的基本概况。

福建地理形势为由西向东倾斜，呈逐级下降趋势，北部是福建地势最高的地区，由北向南降低。水系基本上是以本省为单元，相对独立，比较完整。省内河流众多，其中闽江、九龙江、汀江和晋江为主要的四大水系。现代考古工作者所发现的福建古代人类生活遗址，也主要以围绕这些独立的江河流域分布为其特点。而面向内陆山区和面向海洋的不同地理特点，也造就了福建内陆与沿海地区历史文化的一些明显差异。

晋江发源于福建省中部戴云山脉的东坡，全长 182 千米，沿程流经今泉州市的永春、安溪、南安、晋江、鲤城、丰泽等县（市、区），由西向东注入台湾海峡。晋江流域处于福建东南部沿海地带，现行政隶属

绝大部分处于今泉州市管辖区域内。因此，晋江被称为泉州的母亲河。

晋江自南安市丰州镇井兜村前的双溪口上溯，分为东、西两条支溪，其中西溪源出于安溪县龙顶山下的感德乡达新村，至双溪口和东溪汇合，全长153千米；东溪源于永春县雪山脚下锦斗乡，全长约120千米。顺双溪口以下为晋江干流，江面宽阔，长29千米。

根据河谷性质和河水流动情况，晋江可分成上游、中游和下游3段。

晋江上游由两部分组成：一在安溪县境内，自西溪源头至湖头镇；一在永春县境内，自东溪源头至东平乡。晋江上游河流穿行于海拔600～800米的低山丘陵中，河宽一般在100米以内。

自安溪县湖头镇和永春县东平乡分别流至南安市丰州镇的双溪口汇合，称晋江中游。这一段海拔在200～600米，河宽为100～150米。

从南安市丰州镇双溪口以下至晋江干流入海口，统称下游，进入沿海丘陵与平原交错地区。至丰州以下，进入晋江平原，海拔在15米以下，河口宽度扩大至1000米以上，水流平缓，受潮汐影响明显。

2. 东安县：闽南第一县

被视为闽南第一县的东安县，建置于公元260年，县治即在晋江下游，大致在今南安市丰州镇，至今已1700多年了，其遗址早已无存。

当初建置东安县时，之所以要把县治选定在今天的南安市丰州镇，与这里适宜人类生存的地理环境有关。

丰州是今泉州远古人类主要居住地之一。考古学把古代在沿海地区或湖滨居住的人类所遗留的贝壳堆积称为贝丘遗址，我国沿海原始社会晚期遗址中常有发现。泉州现存的贝丘遗址，其年代早期和中期均应属于先秦时期（指秦代以前的历史时期，从远古起，直到公元前221年秦始皇统一中国为止），晚期可定在汉代。泉州贝丘遗址大多发现于晋江流域及其支流两岸的丘陵山阜地带，说明这是当时人们认为最理想的聚居地。南安丰州是现存泉州贝丘遗址主要密集地之一,其狮子山遗址可以帮助我们大致了解当时泉州人社会生活的简单情况:使用以石、陶、竹、木、骨、角等质料制作的工具,渔猎和农业是主要的生活手段,已有原始纺织,住着用石块砌筑的地面居室等。后来,在丰州又形成了今泉州地区历史上最早的港口。正因为南安丰州是泉州古代社会经济开发较早的地方,在三国时期已基本具备了设置行政区必须考虑的因素,如经济基础、人口规模、交通条件等,所以自然就被选为当时要新建置的东安县县治所在地。

那么,后来长期成为古代泉州的州、路、府等治所的今鲤城区老城区在当时为什么没被考虑呢?历史地理学专家告诉我们,泉州早期的海湾是相当宽阔的,晋江最早的河口应在丰州,今泉州市区及周边在当时只有一些低丘和台地浮出水面,平原尚未成陆,也就是说只是一个海中孤岛。大概在隋唐之际,由于海水已经退到接近现代海面的高度,再加上附近山上被雨水冲刷下来的泥沙长期淤积,这个海中孤岛便与丰州相连,从而变成了陆连岛。这个说法可从多方面得到证明,如根据考古调查和地下钻探,发现今泉州市区西面的泉州糖厂和西北洋的地下有海泥土,北面的北峰等地有咸淡水交汇作用下形成的耐火黏土,市区以东至院前、院后等地也有盐碱土,市区中医院底层下部有海泥土。又如根据地方志书的记载,泉州古城区东门外的东湖,古代湖面的面积非常大,南北距海滨和清源山都很近,其南边因长期受海潮的漫淹,是片盐碱土,至唐代兴建天水淮,才成为良田。再如从泉州古代流传至今的带"洲"(洲的字义为水中陆地)地名:鲤洲、霞洲、灯洲、乌洲、金洲、宝洲、成洲……这些地名均在泉州古城区周边。另外,距泉州古城区稍微远一点的还有如金屿、凤屿、乌屿等地名,这"屿"一目了然,就是岛屿,指被海水环绕的陆地,或是湖里、江河里被水环绕的陆地。泉州至今沿用的这些带有"洲""屿"地名,有助于我们了解今泉州城区在隋唐之前的地理环境状况。

今泉州地在东汉时属会稽郡南部都尉所领的东冶县。东汉建安元年（196年），孙策攻占南部都尉，始有侯官县，泉州地属之。三国吴永安三年（260年），吴景帝孙休以原会稽郡南部都尉辖地为建安郡，另析侯官县地置东安县（治今南安丰州），这是闽南历史上首次有地方官署设在本地的行政区。

东安县的管辖范围有多大，历来说法不一，各说各话，让人无所适从，学术界较多的研究者认为：260年建置的东安县，其所辖范围，包括了闽南地区，当然也不排除个别地方为虚领关系的可能性。因此，泉州市地方志编纂委员会编的《泉州市建置志》（海峡文艺出版社1993年3月出版）中对于东安县的管辖范围的叙述是有道理的：

> 吴永安三年（260年），以会稽南部都尉辖地为建安郡，析侯官县地建东安县，治所设在今南安县丰州镇，今泉州市鲤城区（按：后又分析出丰泽区、洛江区等）、石狮市、晋江市、惠安、南安、安溪、永春，厦门市同安区，莆田市及漳州市部分地属之。德化属侯官县。

东安县的设置，从其管辖的范围看，可以视为以泉州为中心的闽南地区开发和迁入闽南汉族人口初步汇集的第一个标志，泉州南安在当时已正式成为闽南地区的政治中心。

三、泉州在闽南区域史的重要地位

泉州在闽南历史上的重要地位，主要体现在为闽南区域社会的发展，从政治、经济、文化等方面奠定了重要基础。这里就以政区沿革、港口发展、文化遗产这三点略加说明。

1. 泉州为闽南地方行政区域的形成与发展奠定了坚实的基础

如果我们翻阅《福建历史地图集》，就会看到下面两个值得注意的历史现象。

第一，在公元260年前，北纬26°以南的今福建省南部地区，地方政区的治所一个也没有，今福建省在历史上早期地方政区的治所均在北纬26°以北。

今泉州自公元260年开始成为县级政区东安县治所在地，其后与时俱进，不断发展。西晋太康三年（282年），改东安县为晋安县（县治仍在今南安市丰州镇）。南朝梁天监（502～519年）中析晋安郡（治侯官县，今福州市）置南安郡（治所在今南安市丰州镇），下领晋安、龙溪等县。隋开皇九年（589年），实行地方政区二级制，改南安郡为南安县（治所在今南安市丰州镇），复析南安县地置莆田县为辖县。唐武德五年（622年）以南安故郡地置丰州（治所在今南安市丰州镇），领南安、莆田二县（可能龙溪县时亦随属）。嗣圣十六年（即武则天圣历二年，699年），以南安、莆田、龙溪三县地置武荣州（治所在今南安市丰州镇），并析莆田县增置清源县（后改为仙游县），新建置的武荣州领四县。景云二年（711年）武荣州改称泉州，即今泉州市地；原泉州改称闽州，即今福州市地。开元六年（718年），析南安县地置晋江县（县治在今泉州市鲤城区旧城区），州治徙晋江县（州、县治所在同一城内）。据明隆庆版《泉州府志》记载，当时的泉州"领晋江、南安、莆田、龙溪、清源五县"。开元二十九年（741年），龙溪县改隶漳州。五代时期，原析南安县地所置的桃林、大同、小溪三场，先后升置桃源县（后更名永春县）、同安县、清溪县（后更名为安溪县）。后汉乾祐二年（949年），泉州升为清源军，兼领南州（南唐漳州刺史董思安以其父名章，故改漳州为南州），后又改为平海军，978年复名泉州，并增领德化县。太平兴国四年（979年），自泉州析置兴化军（后改称兴化军，下领莆田、仙游二县及析原莆田、仙游二县增置的兴化县)。太平兴国五年（980年），析泉州长泰县属漳州。

至此，闽南泉州、漳州、兴化三地的政区辖地基本稳定下来。只是就福建境内区位而言，作为闽南的漳州，在政区沿革上与闽西有较为密切的关系。

第二，历史上漳州地区与今福建、广东的关系，曾在相当长的一段时间内处于隶离不定的状态。

漳州历史文化悠久，考古学上的"漳州文化"是闽南旧石器时代文化的代表。但由于其地理位置有别于泉州，因此后来在地方行政区域的隶属上曾不大稳定。如西汉、东汉、三国吴、西晋、东晋时，今漳州市西南的云霄、诏安、东山三县地均属南海郡（郡治番禺县，今广州市）；南朝宋、齐、梁、陈时，今云霄、诏安、东山三县均属义安郡（宋、梁、陈的郡治海阳县，今潮州市；齐的郡治绥安县，今云霄县）；隋朝时属建安郡（郡治闽县，今福州市）。漳州于唐代垂拱二年（686年）建置，其隶属关系仍然不稳定，有时隶属岭南（岭南经略使驻广州），有时隶属福建（福建经略使驻福州）。至唐上元元年（760年）还隶福建。此后，漳州即留在福建。在漳州最后还隶福建前后，泉州还两次析地充实漳州：唐开元二十九年（741年），析泉州龙溪县属漳州；宋太平兴国五年（980年），又析泉州长泰县属漳州。今漳州市在行政区划上所辖2区（芗城区、龙文区）1市（龙海县级市）8县（云霄县、漳浦县、诏安县、长泰县、东山县、南靖县、平和县、华安县）至此基本定型。

古人说闽南，一般指的是泉州（唐宋时为州，元时为路、明清时为府）和漳州（唐宋时为州，元时为路、明清时为府），有时也包括兴化（宋时为军，元时为路、明清时为府）。闽南社会经济史名著《刺桐梦华录——近世前期闽南的市场经济（946～1368)》的作者说：闽南是一个人文地理的区域概念,"一般意指由泉州与漳州组成的一片区域,故而有时该地区又被称作'漳泉',但有时北部的兴化军也包括在内。……宋元史料亦经常称这里整个地区为'兴泉漳'"。今人说闽南,一般指的则是厦门市、漳州市、泉州市。

上述福建政区沿革的两个历史现象,一方面反映福建北、南两大部的早期社会发展存在着较大差距,另一方面也可以看出泉州为闽南地方行政区域的形成与发展奠定了坚实的基础。

2. 泉州港的崛起与辉煌在闽南社会经济史上具有里程碑式的深远意义

研究福建海外交通史的学者告诉我们,福建在我国海外交通史上占有极其重要的地位。在福建漫长曲折的海岸线,历史上曾相继涌现出闻名遐迩的海港,如福州、泉州、甘棠、漳州(月港)、厦门、三都澳等,其中福州、泉州、漳州、厦门都曾经是名扬中外的大港。在福建海外交通史上的四大名港中,闽南就有3个,难怪人们都说,海洋文化是闽南文化的最大特色。

在闽南海外交通史上的三大名港中,最早崛起并发展到辉煌的是泉州港。泉州与海外交通往来的最早文字记载见于南朝梁时的历史文献,以位于今南安市丰州镇的梁安港出名。泉州在唐代成为我国四大贸易港口之一,至宋元两代发展到鼎盛,以"刺桐港"美名远播海外,被外国人誉为"东方第一大港"。

明代泉州的海外交通由盛转衰,虽然晋江县辖区内的安平港崛起,清代泉州府境内也依然有若干港口的航运业持续开展,但已风光不再。继泉州港之后为漳州月港的兴起,为闽南海外交通贸易史续写了新篇章。明天启年间(1621~1627年),月港走向衰落。

在闽南海域方位中,厦门岛居中间位置,其所在的厦门湾,是中国东南沿海地区海洋地理条件最好的港湾之一。厦门港的兴起,始于

1650 年郑成功占领厦门期间，明郑迁台后，厦门港的对外交通贸易依然发展。清代前期，厦门作为中国四个设置海关衙门之一的中心港口，海外贸易兴盛。

闽南海交史上的三大名港，按其发展的历史过程先后闻名的，依次是泉州、漳州和厦门，而时间最为悠久、影响最为深远的也是泉州，因此，称泉州港的崛起与辉煌，在闽南社会经济史上具有里程碑式的深远意义，这是毫无疑问的。

3. 泉州历史文化遗产为闽南文化生态保护区的成立与建设提供了重要的内涵支撑和发展动力。

方言是地域文化的载体，讲闽南文化的形成及发展，就要从闽南方言讲起。周长楫教授主编的《闽南方言大辞典》告诉我们：泉州地区是闽南方言最早的发祥地；漳州地区的闽南方言也有相当长的历史；厦门地区的闽南方言是在泉州、漳州两地方言融合的基础上发展起来的。泉州、漳州和厦门三地的闽南方言基本上是相同的，它们之间虽然在语音、词汇上存在着一些差异，但三地的共同性大于差异性，彼此可以通话。这样，闽南方言就为闽南文化的形成及发展奠定了坚实的基础。

2007 年 6 月 9 日，文化部正式批准在福建省设立闽南文化生态保护实验区。《闽南文化生态保护区总体规划》说："闽南地区即泉州市、漳州市、厦门市的行政区域是闽南文化的发祥地、核心区，是世界闽南人的原乡祖地和精神家园。闽南文化生态保护区范围与闽南三市行政区重叠。"

根据《闽南文化生态保护区总体规划》第四部分"保护范围与保护对象、内容"所列的"闽南文化生态保护区主要非物质文化遗产代表性项目名录"，共有 150 项（省级以上，其中国家级 54 项），泉州市列入该目录的有 76 项，占 50.67%（其中国家级有 30 项，占 55.56%）。

《闽南文化生态保护区总体规划》公布于 2014 年 4 月 23 日。2014

年 11 月 11 日又公布了国家级第四批非物质文化遗产代表性项目目录，其中闽南文化生态保护区有 4 个项目由原省级晋升为国家级：泉州市 2 个，漳州市 1 个，厦门市 1 个。在 2017 年 1 月 11 日公布的福建省第五批省级非物质文化遗产代表性项目目录，闽南文化生态保护区又有 23 个项目入选：泉州市 12 个，漳州市 2 个，厦门市 9 个。

闽南文化生态保护区的保护保护对象与内容，也包括文物保护单位。据统计，现在闽南文化生态保护区的国家级重点文物保护单位多达 60 项，其中泉州 31 项，漳州 22 项，厦门 7 项。

泉州有这么多的非物质文化遗产和有形物质文化遗产，充分说明了其历史文化底蕴之深厚。因此，她先后获得了"中国历史文化名城"（首批）、"东亚文化之都"（首届）、"世界多元文化展示中心"（首个）等国家级、东亚级、世界级的文化殊荣，可以说是瓜熟蒂落的事情了。

第三章　涨海声中万国商

历史上泉州地区的自然条件不利于发展农业而有利于发展工商业，从唐五代以来，在人口增长密度增大等因素的压力下，到宋元时期终于形成了一种以农业为辅助、以工商为主体、以外贸为核心的古代港口经济结构，这对海外贸易的发展产生巨大的影响。泉州人在宋元时期海外贸易中所取得的辉煌成就，是最值得引以为豪的。可以说，如果缺少了泉州古代海外交通这一页，那么一部中国海外交通史就会逊色多了。

一、唐代泉州跻身我国四大外贸港

1. 南朝时的梁安港

从公元420年东晋灭亡到589年隋统一的一百七十年间，我国历史上形成南北对峙的局面，称为南北朝。南朝从420年到589年，我国南方先后经历宋、齐、梁、陈四代。北朝从439年到581年，先是北魏统一我国北方，后来北魏分裂为东魏和西魏，再后来北齐代东魏，北周代西魏，北周又灭北齐。581年，北周为隋所代。隋于589年统一南方，结束南北对峙的局面。

泉州海外交通的初步发展，主要表现在南朝时以梁安港为中心的对外交通港口。在此基础上，唐代泉州港又跻身我国唐代四大外贸港。

有关南朝时今泉州与海外交通往来的文字记载，最早见于《续高僧传》的"拘那罗陀传"。

拘那罗陀（中文译名真谛）为西天竺（印度）优禅尼国人，精通佛学。后拘那罗陀自海路到扶南国（今柬埔寨），于546年随梁武帝萧衍所派送扶南国使回国的张汜来到南海郡（今广东省南部），两年后抵达梁朝都城建康（今江苏省南京市），受到喜佛的梁武帝礼遇。后因侯景之乱，自承圣三年（554年），辗转迁播于今浙江、江西、广东等地。陈朝永定二年（558年），到达晋安郡（治所在今福州市），后又从晋安郡乘船自海路南下来到梁安郡（设置于齐朝末年，后改名为南安郡，治所在今南安市丰州镇）。拘那罗陀当年到达梁安郡时，郡太守是王方赊，他致力于开拓本地的海外交通，亦有政绩，在当地口碑颇好。今泉州地区历史上最早的港口，就是在梁安郡的郡治所在地，位于晋江下游北岸，称梁安港。

在南朝的梁代之前，福建海外交通是以福州港为主要基地的。自梁安郡建置后，借助于地方行政中心所在地的影响力，尤其是地方主政者对海外交通的高度重视，梁安港得到了较快的发展。因此，后来拘那罗陀要回国时，也是直接由梁安港启程。之前拘那罗陀来梁安郡，乘的是"小舶"，而这次要回国，则换乘了"大舶"。梁安港位于今福州与广州之间，当时即拥可远洋航行至印度的"大舶"，可见是南朝重要的对外交通港口之一。

梁安港在南朝时期的兴起，说明自西晋末年以来中原汉人大批移居泉州，他们还同时带来了先进的生产技术和科学知识，这些都为泉州社会经济的发展提供了强劲的动力，从而能为海外贸易提供重要的物质基础，促进了海外交通的发展。

南朝时拘那罗陀乘小船来到泉州，然后换乘大船回国，这说明在6世纪时泉州的造船技术水平已相当高了。到了唐代，泉州已是福建的两个造船中心之一。唐咸通年间（860～873年），唐与安南发生战争，政府造千斛大舟，自福建运米泛海，不用一个月便至广州，这种大船至少有一部分是泉州建造的。优良的港口和先进的海船，这是发展海外交通必须具备的两个基本硬件。在国力强盛的唐代，泉州港口的海外贸易发展到一个新的历史时期。

2. 九世纪中叶的泉州已是我国四大贸易港之一

唐代政府对于海外商人来华经商贸易奉行开放政策，强调要善待他们，让他们来华经商贸易感到心情愉快，不准地方官吏敲詐盘剥而招怨。唐文宗曾特地下令："岭南、福建及扬州蕃客，宜委节度观察使常加存问，除舶脚收市进奉外，任其来往通流，自为交易，不得重加率税。"要岭南、福建及扬州的地方要员对这些外商平常应多关心，在税收上给予优惠，在他们上交"舶脚"（即下碇税）并进行"收市进奉"（即朝廷以价收买珍奇舶货以供皇家贵戚享用）的交易后，就可以自由地进行正常的商贸活动了。这种政策对发展海外贸易具有积极的促进作用。唐政府还在福建泉州设"参军事四人掌出使导赞"，专门负责管理海外往来的使节和商人，以适应当时地方政府涉外事务活动的需要。

九世纪中叶，泉州已发展成我国四大贸易港之一。据成书于唐会昌六年（846年）阿拉伯地理学家伊本·胡尔达兹比赫撰的《道里邦国志》载：

> 从栓府至中国的第一个港口鲁金（LUQIN），陆路、海路皆为100法尔萨赫。在鲁金，有中国石头、中国丝绸、中国的优质陶瓷，那里出产稻米。从鲁金至汉府（KHANFU），海路为4日程，陆路为20日程。汉府是中国最大的港口。汉府有各种水果，并有蔬菜、小麦、大麦、稻米、甘蔗。从汉府至汉久（KHANJU）为8日程。汉久的物产与汉府同。从汉久至刚突（QANFU）为20日程。刚突的物产与汉府、汉久相同。中国的这几个港口，各临一条大河，海船能在这大河中航行，这些河均有潮汐现象。在刚突的河里可见到鹅、鸭。

伊本·胡尔达兹比赫在《道里邦国志》中介绍的所介绍的唐代四大贸易港，分别是鲁金、汉府、汉久、刚突。自从1865年梅纳尔发表了《道里邦国志》的法译本后，各国关注这个海外交通史的学者，努力考订这四个港口的确切位置。经过一个多世纪的研究，取得比较一致的看法：鲁金是交州（今河内），汉府是广州，汉久是泉州，刚突是江都（扬州）。

古代地方重要港口的得名，一般多与地方政区的名称有关。南朝时的梁安港位于南朝梁安郡治所在地，即晋江下游北岸的丰州。到了唐代，泉州城自丰州迁到今鲤城区旧城区，距晋江入海处约8千米，距刺桐港约9千米。如果说，南朝时位于今南安市丰州镇的城为"江城"，而唐代位于今鲤城区的城为"海城"，那么也可以认为，治所东迁近海，正是顺应了唐代泉州海外交通发展的需要。如前所述泉州早期的海湾是相当宽阔的，晋江最早的河口应在丰州，大概在隋唐之际，由于海水已经退到接近现代海面的高度，今泉州市区已与丰州相连，到唐代时，完全可以满足建城的地质要求，而新治之所以要选址于此，显然与其比较近海的地理优势有关。

作为历史上泉州港主要作业区之一的石湖码头，相传为著名航海家林銮于唐代开元年间（713～741年）创建的，是泉州古代商贸的重要码头和海防重地。石湖码头构造科学，历久耐用，是泉州港早期码头建筑的珍品，石湖码头作为外港码头，与位于江口的诸多内港码头一起构成了宋元泉州港鼎盛时期码头设施体系。

3. 唐诗《送李使君赴泉州》中的"泉州"是今天的泉州

在说到唐代泉州海上贸易的繁荣时，许多人都喜欢引用一首唐诗《送李使君赴泉州》：

傍海皆荒服，分符重汉臣。云山百越路，市井十洲人。
执玉来朝远，还珠入贡频。连年不见雪，到处即行春。

诗中对唐代出现在泉州的外国使节和商人，有相当形象的描写。

由于福建历史上的"泉州"一名，在711年之前，指的是今天的福州，711年开始才是今天的泉州。因此，对《送李使君赴泉州》所说的"泉州"，后人的解释有泉州与福州二说。可以认为，泉州说是有一定理由的。

"泉州"作为福建历史上的一个具体空间，对其所在地的认定，是要受到具体时间的制约，也就是说要以711年为分界线。因此，《送李使君赴泉州》一诗作者的生活年代及其写作时间，是解决问题的关键。诗作者包何，润州延陵（今江苏省丹阳市）人，生卒年均不详。只知道他是唐天宝七年（748年）登进士。大历（766~779年）中，仕至起居舍人。其兄（或说弟）包佶生于开元十六年（728年），与包何俱以诗名，时称"二包"。由此可推测包氏兄弟两人的生年应该相差无几。而作为官场交际往来的诗作，《送李使君赴泉州》的写作时间，应当是登进士当官以后的事了。包何是748年登进士的，这时距711年已经过去了37年了。

但让人感到困惑的是，《全唐诗》中还收录武则天时诗人张循之写的同一首诗。张循之是洛阳人，与弟张仲之并以学业著名。有一种解释是可能包何任中书舍人时将张循之的诗抄赠给当时赴任泉州的李使君，故后来就被隶名于包何。这个解释有一定道理。但问题是包何在唐代诗坛的名气比张循之大，《全唐诗》中收录包何的诗有18首，而收录张循之的诗仅6首。包氏兄弟是"俱以诗名"，且有"二包"之誉，而张氏兄弟则是"并以学业著名"，故包何应没必要抄写他人的作品来赠送官场朋友，更何况张循之是因"忤旨被诛"。还有，包何于大历（766~779年）中仕至起居舍人，如果这首诗是包何在起居舍人任内抄写张循之（张循之去世时包何应该还没有出世）诗赠李使君，那也很难理解当时李使君去赴任的泉州，会是五六十年前的泉州（福州），而且"泉州"

两字还是写在诗的题目中。即使是抄赠，也应在落款时略加说明，要有该诗原作者与抄赠者的姓名。因此，可以认为包何诗题所说的"泉州"，应是他所生活年代的泉州，也就是李使君当时即将去赴任的泉州，即今天的泉州。

我们还可进一步对诗中的一些有关字句进行解读。

"使君"：汉以后用以对州郡长官的尊称。在唐代无论是泉州的刺史，还是福州的刺史，都可尊称使君。

"荒服"：后人附会的先秦时代之地方行政制度"畿服制"，有三服、五服、六服、九服等多种说法。一般常说的是五服制，即指古代王畿外围的地方，以五百里为率，视距离的远近分为五等，叫"五服"：封内甸服，封外侯服，侯卫宾服，蛮夷要服，戎狄荒服。"荒服"为后人用以泛指边远地区。假如要对号入座，就福州与泉州而言，会被视为第五等"荒服"的只能是泉州。而福州在古代早已是福建的政治、经济、文化、教育中心，是行政中枢和军政长官的官署驻地，与中央政府关系较为密切，虽说同是远离全国政治中心的边远地区，但至少也会被视为第四等"要服"，或是第三等"宾服"。

"执玉来朝远，还珠入贡频"：当时泉州的港口已有较快的发展，作为乘船而来的朝贡国使者就近登陆的口岸，那是自然而然的事，更何况唐朝为了发展海外贸易，在泉州就特设有"参军事四人掌出使导赞"，这说明唐代在泉州地方政务中，对外交涉已是很重要的了，才需要有4人编制的参军事来负责这项工作。

《全唐诗》共收诗近5万首，作者2873人，这样一部卷帙浩繁的大书，只以10人之力，在一年多的时间内就编成。由于成书仓促，存在问题也很多。例如考订粗疏，多有误收，今人考订其误收他朝诗即达数百首之多，就是唐诗中张冠李戴、重收复出之作亦不少，等等。这些也都是当时一般官修书不愿深究的积习。因此，在《全唐诗》收录的同一首诗中却署两个生活于唐朝不同年代的人名,其原因可能与《全唐诗》本身存在的问题有关,即"张冠李戴"。张循之的诗题为《送泉州李使君之任》,在《全唐诗》所收他的 5 首诗中排序第二;包何的诗题为《送泉州李使君之任》(原注:一作《送李使君赴泉州》),在《全唐诗》所收他的 18 首诗中排序第一,显然为其主要代表作。从包何诗题所作的注释可以看出,当年《全唐诗》的编修者可能已发现了同一首诗署两位作者名的问题,但包何诗的题目是二选一,张循之诗的题目则没有选择的余地。既然已发现了问题,为何没有及时加以解决?其原因或是成书仓促,时间来不及;或是编修人员工作上的疏忽。

因此,长期以来许多研究者在论述唐代泉州港的海外贸易时,都会引用包何的这首诗,说明他们对这首唐诗的史料价值是肯定的。例如在学术专著方面,无论是 1995 年 9 月出版的《泉州海外交通史略》,还是 2006 年 12 月出版的《泉州古代海外交通史》,都引用了包何的这首诗,说明作者对这首唐诗的史料价值是肯定的,十余年过去了,依然坚信不疑。

二、宋末泉州跃居我国最大外贸港

相对于中原,福建是开发较晚的地区,曾在相当长的历史时期被中原汉人视为蛮荒之地,直至唐代中叶,这种看法还没改变,尤其是福建境内开发相对较晚的闽南地区。虽然福建的经济文化在唐末五代有了较大的发展,但如想用这短短的数十年时间,来填补福建与中原地区长期以来形成的巨大差距,显然是很难做到的。因此,当宋代的福建如同奇迹一样地展示在历史学家的眼前时,每每让他们眼前一亮,甚至不吝用诗一样的语言加以描述:"那就像行人终于穿过漫长的黑暗隧道,在抹开眼前短暂的朦胧之后,突然看到远处明媚亮丽的原野,鸟语花香,流水乔木，无处不令人陶醉！"《福建通史》（宋元卷）的作者徐晓望教授在其"绪论"的开篇中说："宋元时期的福建是中国经济最发达的区域，称著古代世界的东方第一大港——泉州，就在这一时代走到她历史的巅峰。"

1. 五代十国时期的泉州港

泉州港在宋元时期走到她历史的巅峰，并不是一蹴而就的，除了前面已提到的自南朝至唐代400余年的崛起及发展外，在讲宋代泉州港之前，我们还要先简要介绍一下五代十国时期的泉州港。

所谓五代十国，是指907年朱温废唐建梁（史称后梁），至960年赵匡胤代周（史称后周）建宋，共有53年的历史。这是一个分裂割据时期，北方相继出现后梁、后唐、后晋、后汉、后周，称为五代；南方及山西地区先后出现了吴、南唐、吴越、楚、闽、南汉、前蜀、后蜀、荆南和北汉等国，合称十国。979年，宋太祖赵匡胤灭北汉，才结束了五代十国局面。

唐末至五代十国时期，先后统治泉州的王潮、王审邽、王延彬、留从效、陈洪进等人，励精图治，鼓励生产，积极发展海外贸易。王延彬因此被称为"招宝侍郎"。由于海外贸易的发展，泉州还专门设立榷利院为管理海外贸易的机构。为了适应五代时期泉州海外交通发展的需要，王延彬、留从效和陈洪进，相继扩建了泉州城。留从效在扩建泉州城时，还环城种植刺桐树。因此，刺桐就成为泉州的标志和代名词，以后泉州即以刺桐港闻名于海外。

在五代十国这个分裂割据时期，泉州社会相对较为安定，地方主政者能致力于发展海外贸易，其后陈洪进又顺应历史发展趋势，献泉、漳两州十四县地于宋王朝，使闽南地区避免了因统一战争对地方经济带来的不利影响，泉州海外贸易的良好发展态势不仅没被打断，而且还能在新的时代再上一个台阶。

泉州在宋代跃居全国最大外贸港，也不是一跃而上的，而是在宋代历经了几个发展阶段：第一个阶段是北宋初期，泉州名列我国三大外贸海港；第二个阶段是北宋中期，泉州赶上并超过明州，仅次广州；第三个阶段是南宋初期，泉州赶上广州，与广州并驾齐驱；第四个阶段是南宋后期，泉州超过广州，进入港口发展的极盛时期。

2. 泉州在北宋初期名列我国三大外贸海港

北宋初期，宋太宗便在京师置榷易院，以统一管理沿海地区的海外贸易，诏令中提到的外贸港口共有四处：广州、交趾、泉州、两浙。其中交趾于10世纪30年代建国，宋太祖曾先后封其王为安南郡王、安南都护、交趾郡王，虽已脱离宋王朝直接管辖区，但因关系特殊，故在该诏令中才会提及。作为宋王朝有实际管辖权的海港，只能算广州、泉州、两浙这三处。而唐代的交州，是隶属于唐朝岭南道西部的安南都护府，为唐王朝的辖区，故得以与广州、泉州、扬州并称为唐代四大外贸港。唐代的交州与宋代的交趾，在辖区的隶属方面是有区别的。

从上述宋太宗的诏令可以看出，他刚刚从陈洪进手中接过漳、泉二州时，就认识到泉州港的重要地位，才会把泉州作为全国重要贸易港之一纳入京师榷易院的管辖范围。

3. 泉州港在北宋中期的地位仅次于广州

北宋中期，泉州在全国贸易港口中的重要地位进一步凸显出来。在泉州尚未设置市舶司之前，从事外贸的海船就可以从这里扬帆出海，北上经明州到日本、高丽，南下往印支半岛、马来群岛，远至印度洋、波斯湾。返航时则分别于明州（明州市舶司始置于999年）和广州（广州市舶司始置于971年）住泊抽解，然后又将舶货转贩于沿海各个港口。泉州海商的贩运活动为宋政府带来了巨额的财政收入，宋哲宗元祐二年（1087年），为适应泉州海外贸易日益发展的需要，宋王朝正式在泉州设置福建市舶司，确立了泉州成为重要对外贸易港的地位。市舶司的前身是唐代开元二年（714年）在广州所设的市舶使。宋代于广州、泉州、明州（治今浙江宁波）、杭州、密州（治今山东胶州）等地先后设有提举市舶司，掌检查出入海港的船舶，征收商税，收购政府专卖品和管理外商等。元、明称为市舶提举司。清代不设。南宋前期，两浙路、福建路、广南东路的市舶司通称"三路市舶司"。后罢两浙路市舶司。福建路市舶司和广南东路市舶司分别设在泉州和广州。泉州市舶司即福建市舶司，对于泉州港海外贸易的发展具有十分重要的意义，其存在近400年（1087～1474年），正是历史上泉州港处于长期繁荣的时期，其顶峰在元代，以"东方第一大港"闻名世界。

泉州市舶司遗址在今泉州市鲤城区老城区水门巷竹街南薰门（水门）遗址西北，其范围甚大，西到水仙宫（如今的水仙宫即为市舶司部分遗址改建），东到三义庙，北到马坂巷洪厝山。衙门内建有清芬亭，是一座戒贪、颂廉之亭，其旁有泉州百姓为纪念宋市舶司提举胡长卿的胡寺丞祠。近年来，水仙宫内设立了古市舶司文史室，通过文字与图片资料讲述古代泉州市舶司的历史，宣传泉州的"海丝"文化。泉州市舶司遗址是我国现存的唯一一处古海关遗址。

泉州市舶司设立后，本国商人就无需像以前那样，要到明州或广州这两处市舶司去办理审批手续，可以直接从泉州出海贸易，而外国商船也可以直航泉州进行贸易活动。泉州港自此进入快速发展期。北宋时永春知县江公望在《多暇亭记》中描述了他亲眼所见的泉州海外贸易的盛况：

> 海船通他国，风顺，便食息行数百里，珍珠、玳瑁、犀象、齿角、丹砂、水银、沉檀等香，希奇难得之宝，其至如委。巨商大贾，摩肩接足，相刃于道。

当时来泉州贸易的外国商人络绎不绝，其中东南亚、南亚、西亚的蕃商，一般是在春夏之交起南风时北上来华，要到秋冬之际才能乘北风南下归国。如果是路程更为遥远的马六甲以南、以西的地区（如南亚、西亚）的蕃商，因赶不上风信，还得等来年季风再起才能归国。因此，不少经常来往于两地经商的外国人，即以他乡为故乡，留居于泉州，成为"新泉州人"。北宋福州福清县人郑侠在其《西塘集》中有记载：

> 驿道四通，海商辐辏。夷夏杂处，权豪比居，土疆差广，齿笈至繁。廛肆杂四方之俗，航海皆异国之商。

这些蕃商或杂处民间，或列居城南，还出现外国人聚居的"蕃人巷"，居住在蕃人巷里的外国人，其肤色有黑白二种。为满足外国人子弟入学的需求，地方政府还让他们在泉州建蕃学。外国人的宗教信仰和风俗习惯也得到当地人的理解与尊重，北宋大中祥符二年（1009年），伊斯兰教徒在泉州创建清净寺，后来还兴建穆斯林公墓。

4. 泉州港在北宋后期已出现赶上广州港的迹象

北宋后期，朝廷发"空名度牒"给三路市舶司"充折博本钱"。所谓"度牒"，是古代封建国家为了防止私度僧尼和有效控制僧尼数量而发放的，直接出卖空名度牒，成为政府的一项重要财政收入；所谓"折博"，是唐宋时期官民之间的一种特殊交换方式（一般是不等价交换），国家是"折博"活动的主体，与禁榷物资专卖制度有直接关系。朝廷发"空名度牒"给市舶司"充折博本钱"，与市舶司的主要职责抽解（向外商征收关税）、禁榷（国家对统治阶级所需的奢侈品和民间畅销利润很高的舶货专卖专卖）、博买（政府除禁榷物品外，在对一些获利较大的商品进行收购后，然后才准许舶商买卖）有关。宋徽宗时每年向全国共发放各种用途"空名度牒"有30000道，宣和七年发给三路市舶司有1300道，具体分配数额是：两浙路得300道，广南、福建各得500道。泉州与广州平分秋色，这可看出北宋末年泉州已出现赶上广州的迹象。

5. 泉州港在南宋初期已赶上广州港

南宋初期，泉州已赶上广州，与广州并驾齐驱。

绍兴十四年（1144年），泉州市舶司得到朝廷批准，改变以前招待外国商人的旧例，可以依照广州市舶司的体例，每年于遣发蕃舶之际，拨给官钱三百贯以排办筵宴，由"本司提举官同州长官犒设诸国蕃商等"。这一规定，在南宋一代一直没有改变。

泉州市舶司的年收入，目前我们还没有找到具体的统计数字，大致应与广州市舶司差不多。据李心传《建炎以来朝野杂记》的记载："绍兴（1131～1162年）末，两舶司抽分及和买，岁得息钱二百万缗。""抽分"即我们前面提及的"抽解"，因为征收关税时是实物税，以十分率进行抽解，所以又叫抽分；"和买"即我们前面提及的"博买"。泉州市舶司和广州市舶司每年的息钱收入合计有200万缗，泉州市舶司如按一半算，大约有100万缗，而南宋朝廷当时每年的财政收入一般估计为4500万缗左右，也就是说，泉州市舶司的岁收入已占南宋全部财政收入的四十五分之一左右。刊刻于南宋淳熙五年（1178年）的地理名著《岭外代答》，记载宋代三佛齐、阇婆、大食诸国至中国的航线有两条："其欲至广者，入自屯门；欲至泉州者，入自甲子门。"泉州和广州一样，均是海外蕃商常来的港口。在宋宁宗开禧（1205～1207年）之前，大食（阿拉伯）、波斯、三佛齐、占城、高丽等30多个国家和地区的商船，都常到泉州贸易。南宋时定居于泉州的海外商客比北宋时更多，其中大多数为阿拉伯人，还有不少是来自东南亚的商人。

乾道二年（1166年），宋孝宗下诏罢两浙路市舶司，理由是："福建、广南皆有市舶，物货浩瀚，置官提举实宜，惟两浙冗蠹可罢。"这样，在南宋把3处市舶司精简为2处市舶司时，泉州仍然保持其全国主要贸易港之一的重要地位。在南宋的官方文献中，往往是泉、广并列，或称"广（广南市舶司，因衙门在广州，故通常称广州市舶司）、福（福建市舶司，因衙门在泉州，故通常称泉州市舶司）市舶司"，或称"泉、广市舶司"。言者无意，听者有心，这种习惯性称呼，或者会让我们敏感地感受到泉州市舶司的地位，似已在发生些许微妙的变化。

宋宁宗时，因市舶官吏征榷太苛，富商大贾发船者少，来到泉州的番舶比以前大为减少，泉州的海外贸易曾一度出现不景气的现象。嘉定、宝庆年间（1208～1227年），经真德秀、章楳、赵崇度等泉州地方官，"同心划洗前弊，罢和买，禁重征，逾年舶至三倍"，泉州的海外贸易就又很快繁荣起来。成书于宋宁宗宝庆元年（1225年）的赵汝适《诸蕃志》，详细记述了当时泉州海外贸易的盛况，与泉州有海外贸易关系的国家和地区，已由宋宁宗开禧之前的30多个增加至58个。真德秀于嘉定年间首任泉州郡守时置立的法石寨，后来也分屯于后渚，派兵保护来往商船的海上航行安全。后渚为泉州湾的天然良港之一，便于海船的停泊和起航，其兴起大概始于此时。

6. 南宋末年泉州港超过广州港

南宋末年，朝廷审时度势，果断任用了阿拉伯人后裔蒲寿庚为提举泉州市舶司，泉州的海外贸易又有新的发展。蒲寿庚通过自己在海外商人中的影响，大力招徕外商前来贸易。当时我国的海商，不仅是福建商人从泉州港出发到外国，就是两浙一带的商人也经常往泉州港出洋贸易。泉州港成了南宋王朝海外贸易十分重要的门户，在官方文献中，时常与广州并称"泉广"。因此，广西社会科学院长期致力于中国海外交通史研究的周中坚研究员指出，泉州的海外贸易，"在南宋末年，超过广州，进入极盛时期"；福建社会科学院研究福建史的知名学者徐晓望教授在论宋代福建的对外贸易时也认为，就海外贸易而言，"泉州在宋末可能已经是东方第一大港，世界两大海上贸易港口之一"。

7. 宋代泉州与海外贸易有关的基本建设和海神信仰

宋代泉州的海外贸易的快速发展，有力地带动了与海外贸易相关的基本建设。

码头与港口是航海最重要也是最基本的基础设施。泉州港分为内港和外港,始建于宋代的美山码头和文兴码头是泉州内港港口,分别位于丰泽区法石社区美山村的南部和丰泽区法石社区文兴村南部,是古代泉州内港法石港商贸和海防的重要码头。美山码头和文兴码头与地处海口的石湖等码头一道,构成泉州古代集群港的格局,反映了古代泉州港繁荣时期的独有风貌。

桥梁的建造,方便泉州港陆海联运,扩大了泉州港内陆腹地范围,是泉州海洋贸易活动兴盛、交通技术发达的见证。据统计,泉州历史上建造朝代明确的古桥有318座,其中创建于宋代的有147座,所占比例达46%,且以南宋最多,达113座(另有2座桥梁史籍记载为宋时建,但无法确定是始建于北宋或南宋)。宋代古桥最著名的是洛阳桥和安平桥(俗称五里桥)。洛阳桥位于今洛江区与台商投资区之间的洛阳江入海口,为我国历史上第一座跨海的梁式大石桥,建于嘉祐元年至四年(1056~1059年)。安平桥位于今晋江市安海镇与南安市水头镇的海湾上,为我国现存古代最长的海港大石桥,始建于宋绍兴八年至二十一年(1038~1151年)。洛阳桥和安平桥都是国家级重点文物保护单位。这里就说说洛阳桥。

洛阳桥所在原为古泉州湾洛阳港,距市区10千米,这里也是连接泉州至省城福州,乃至江西、浙江腹地的交通要道。洛阳桥在宋代完工后,即成为舶来货品"胡椒、槟榔、玳瑁、犀、象、殊香百品,异药千名"运往省城福州的坦途。桥南、桥北也形成"列肆喧阗"的集镇。其中,桥北洛阳街仍保存有11世纪建桥时为保佑建桥、镇桥而建的祭祀海神通远王的昭惠庙,桥南村则一直保存着纪念建桥有功的郡守蔡襄的祠堂,祠中保存有蔡襄手书的被誉为撰、书、刻俱佳的"三绝碑"以及26方历代修桥碑记。洛阳桥的桥体系花岗石砌筑,现长731米,宽4.50米。桥墩45座,两侧作护栏,有500根栏杆石柱,其中28根为狮身栏柱,所用石桥板最大的长11米,宽0.98米,厚0.80米,每条桥板重约数吨至十多吨，施工难度非常大，其首创"筏型基础""养蛎固基""浮运架梁"等先进的建桥技术，成为中国历史上的一项重要发明，载入了世界桥梁史册。

定位塔是航海设施的重要组成部分。建于北宋政和元年（1111年）的六胜塔，位于石狮市蚶江镇石湖村金钗山上，塔高36.06米。建于南宋绍兴年间（1131～1162年）的万寿塔，位于石狮市永宁镇塔石村宝盖山山顶，塔高22.68米，四周视野开阔，从泉州湾整个入口处的广阔海面都可以看到。六胜塔和万寿塔为泉州湾的古航标，为泉州港古代航海通商的重要历史见证，其中以万寿塔最著名。万寿塔又名关锁塔、姑嫂塔，相传古代有泉州商人出海经商，久久未归，商人妻与尚未出嫁的小妹，常登塔遥望，日久思念成疾而卒，里人叹之，故亦俗称此塔为姑嫂塔。

受海外贸易快速发展的刺激，泉州的造船业在宋代相当发达。北宋中期惠安诗人谢履《泉南歌》云："州南有海浩无穷，每岁造舟通异域。"北宋初期著名的全国性地理总志《太平寰宇记》将"海舶"列为泉州土产，可见当时泉州先进的造船技术已得到广泛认可。泉州湾后渚港和法石港先后出土的宋代海船，为宋代泉州的海外交通史、造船史、航海史提供了珍贵的研究资料和历史见证。

海上交通的发达，海洋贸易的繁荣，使颇具特色的泉州海神信仰香火更加鼎盛。九日山祈风石刻（位于今南安市晋江北岸丰州镇旭山村的九日山上）、天后宫（位于今鲤城区的老城区天后路）、真武庙（位于今丰泽区法石社区的法石港旁边）是体现泉州古代航海文化与海神信仰的重要历史遗存。其中九日山祈风石刻所记载的祈风仪式，既是当时泉州海外贸易管理的重要一环，更具泉州海神信仰的海洋文化意义。

九日山祈风石刻是宋代延福寺（在九日山南麓，始建于晋代）昭惠庙举行航海祈风仪式后留下的珍贵历史文物（1988年1月公布为全国重点文物保护单位）。古代帆船航海主要依靠风力为动力，但是风信无常，所以11～13世纪管理海外贸易的泉州市舶司官员和地方军政长官，每年夏四月和冬十月会在九日山延福寺昭惠庙举行祈风典礼，向海神通远王祈求海船顺风平安，仪式非常隆重。祈风仪式结束后，参加典礼的官员在此宴饮并游览九日山名胜，撰文题刻以志纪念。九日山有"山中无石不刻字"之誉，明确记述与宋代航海祈风有关的10方，分布在东峰和西峰。其中记载冬季启航祈风的有6方，记载夏季回航祈风的有3方，记载一年两季祈风（启航和回航祈风）的有1方。这10方祈风石刻是我国古代海交史绝无仅有的实物资料，是宋代泉州海外贸易繁盛的独特见证

九日山现存最早的一方祈风石刻，时间为淳熙元年（1174年），位于西峰石刻群中南面中层。全文如下：

> 淳熙元年，岁在甲午季冬朔，吴人虞仲房帅幕属洪子用、朱彦钦、赵德季、赵致孚，祈风于延福寺通远祠下，修岁祀也。与者许称叔、吴景温、闻人应之、赵子张。

这是南宋淳熙元年（1174年）季冬朔日（十二月初一日），虞仲房任泉州提举市舶时，遵每年旧制率幕僚来九日山延福寺通远王祠举行祈风典礼。随行诸幕僚名不见志书，其中"闻人应之"应是姓闻人（复姓），名应之。《书法会要》称虞仲房善篆隶，《说文五音韵谱》后序说他"声溢东南，凡江浙匾榜及其他金石，多仲房所书"，是有名书法家。这方石刻为隶体，也是书法艺术的珍贵资料。

九日山现存最晚的一方祈风石刻，时间为咸淳二年（1266年），位于西峰"九日山"三字巨岩南壁不易看到的高处，全文如下：

> 咸淳丙寅，南至后十日，祷风此山，知宗兼郡事古汴赵希侘安宅，提举澡事眉山王橚茂悦，领郡优三隅虞会和叔，三山郑君为瑞国，察居番禺史霆声宏甫，天台卢应伯和，东嘉赵东崇旸卿，三山

林起东景仁，黄以谦谦之，潘昌廷孔时，邑令三山陈梦发以道，陈山公仰卿。是日也，霜日熙明，溪山献状，登怀古，景先哲，宛然有得。彝典云何哉！

这方石刻的时间为咸淳丙寅年（咸淳二年，即1266年）冬至后十日，时值南宋王朝风雨飘摇岌岌可危之际，知南外宗正司兼太守的赵希侘偕同提举市舶司王榞以及其他僚属来九日山祈风并登临游览的纪事石刻。此后，宋代的祈风典礼就停止了。前面所说的那方现存最早的祈风石刻，在列举参加九日山祈风活动的人员，仅写姓名而已，作者虞仲房时任泉州提举市舶，也只在自己的姓名之前多写两字"吴人"。但这方祈风石刻在列举参加九日山祈风活动的人员姓名时，则较为详细。文中提到的这几个人，其紧接姓名之后为其字（根据其名中的字义，另取的别名。古人常自称已名以表示谦称，称人之字以表示对人尊称，另姓与字连称亦是对人尊称），姓名之前为其籍贯，籍贯之前为其官职。如赵希侘，字安宅，北宋汴京（开封）人，南宋的都城在临安府（今杭州市），故称"古汴"人。有的次要随行人员仅简略地写姓名即字，如黄以谦谦之、潘昌廷孔时、陈山公仰卿等。

九日山上还有一方特殊的石刻，时间虽短，但意义十分重大。

1991年2月联合国教科文组织"海上丝绸之路"国际考察队来到九日山，在考察祈风石刻之后，特地留下一方记事石刻。全文如下：

在九日山最后一次祈风仪典之后七百余年，我们，来自非洲、美洲、亚洲和欧洲的联合国教科文组织"海上丝绸之路"国际考察队员，乘坐阿曼苏丹提供的"和平号"考察船来到这里。作为朝圣者，我们既重温这古老的祈祷，也带来了各国人民和平的信息，这也正是联合国教科文组织丝绸之路——对话之路综合研究项目的最终目标。为此，特留下这块象征友谊与对话的石刻。

海上丝绸之路国际考察队　一九九一年二月十六日

泉州市文物管理委员会一九九一年七月勒石　陈逸亭书

三、元代泉州为世界东方第一大港

　　元代泉州为世界东方第一大港，是当时来过泉州且为泉州港繁荣景象所震撼的外国著名旅行家首先提出来的。700多年过去了，外国旅行家的这种感性认识，在今天已为国内外学术界的理性认识所肯定和认可。

1. 元初重视泉州在海外贸易中的重要地位

　　元灭南宋，统一全国，结束了南北长达150余年分裂割据的局面，为海外贸易的发展提供了坚实的物质基础。元世祖忽必烈在位长达34年（1260～1294年，并于1271年该国号为元），他十分重视海外贸易，很早就看到泉州在南宋海外贸易中的重要地位，并了解在泉州"素主市舶"的蒲寿庚，能在帮助元朝"捍海寇""诱诸蛮"等方面发挥特殊作用。因此，早在南宋都城临安被攻陷前，元军统帅伯颜就暗中派人来泉州拉拢蒲寿庚。当蒲寿庚一投降，就被元世祖授予"昭勇大将军"，命其为闽广都督兵马招讨使兼提举福建、广东市舶。至元十五年（1278年）三月，蒲寿庚任福建行省参知政事；二十一年，任江淮行省中书左丞兼泉州分省平章政事。

　　由于蒲寿庚的投降，元军顺利地接管了泉州，在客观上使泉州不因战乱而遭到破坏，因此在元军进入泉州的当年，泉州港即得以开港，且继南宋而走向极盛。元政府对泉州港极为重视，视为对外联系的主要港口。《元史·唆都传》说："帝以江南既定，将有事于海外，升左丞（唆都）行省泉州，招谕南夷诸国"，时在至元十五年（1278年）八月。

　　尽管有元一代设置市舶司的地方最多时曾达7处（杭州、庆元、泉州、广州、上海、温州、澉浦），但是泉州市舶司在全国所有的市舶司中，始终占有特别重要的地位。在一些重要的海外贸易政策方面，中央政府也向泉州倾斜。元朝在接管泉州的当年（至元十四年，即1277年），立即设立泉州市舶司。次年（至元十五年，即1278年）就规定："商贾市舶物货已经泉州抽分者，诸处贸易，止令输税。"作为中外商品的集散地，为了招徕更多的外商，元朝政府最早在泉州港实行优惠的低关税政策。《元史·食货志》记载：

> 元自世祖定江南，凡邻海诸郡与蕃国往还互易舶货者，其货以十分取一，粗者十五分取一，以市舶官主之。其发舶回帆，必著其所至之地，验其所易之物，给以公文，为之期日，大抵皆因宋旧制而为之法焉。于是至元十四年，立市舶司一于泉州，命忙古领之。立市舶司三于庆元、上海、澉浦，令福建安抚使杨发督之。每岁招集舶商，于番邦博易珠翠香货等物。及次年回帆，依例抽解，然后听其货贾。

> （至元）三十年，又定市舶抽分杂禁，凡二十二条……泉州、上海、澉浦、温州、广东、杭州、广元市舶司凡七所，独泉州于抽分之外，又取三十分之一以为税，自今诸处，悉依泉州例取之。

这段史料表明，泉州市舶司不仅是元代第一个设立的市舶司，而且是元代所有其他市舶司的标杆（"自今诸处，悉依泉州例取之"），其地位相当于元朝海关总关，可见泉州港的地位之高。

泉州港在元代是中外商品的主要集散地，在历史文献中有记载。大德六年（1302年），泉州人庄弥邵在《罗城外壕记》一文中说：

> 泉本海隅偏藩，世祖皇帝混一区宇，梯航万国，此其都会，始为东南巨镇，或建省或立宣慰司，所以重其镇也。一城要地，莫盛于南关，四海舶商，诸蕃琛贡，皆于是乎集。

元代人吴澄在《送姜曼卿赴泉州路录事序》也写道：

> 泉，七闽之都会也。蕃货远物、异宝奇珍之所渊薮，殊方绝域

富商巨贾之所窟宅，号为天下之最。

由于元代泉州港在我国海外贸易中的重要地位，因此，当时两浙、荆、淮、湖甚至内地四川的商人，"若欲船泛外国买卖，则自泉州便可出洋"。而且泉州还成为当时海外贸易计算中国与世界各地航线里程的起点。如《元史·马八儿国传》载："自泉至马八儿约十万里"；《异域志》亦载：爪哇国"自泉州发舶一月可到"，等等。

为了适应海外贸易发展的需要，元朝还于至元二十六年（1289年）建立了自泉州至杭州的海道水站，以上下接递泉州舶货和外国来使。

2. 元朝政府在地方政区的设置上提高泉州的地位

元朝政府不仅在有关政策上提升泉州的经济地位，为了让泉州的海外贸易能为国家的财政收入做出更大的贡献，还在地方政区的设置上使泉州获得较高的政治地位，"以重其镇"。据《元史》的《地理志》《世祖本纪》《成宗本纪》及福州乌石山、泉州清源山的摩崖石刻，元代泉州先后有8次设置行省：第一次设置行省在至元十五年（1278年），先为福建行省治所，后又改为泉州行省省府；第二次设置行省在至元十七年（1280年）五月，福建行省与泉州行省合并，徙治泉州，但仅两个月后泉州行省就迁徙江西隆兴（今南昌市）了；第三次设置行省在至元十八年（1281年），泉州行省已由江西隆兴迁回。十九年（1282年）五月，并江西、福建行省，泉州就成为江西、福建的省府。后泉州行省并入福建省，省会仍迁福州；第四次设置行省在至元二十一年（1284年）二月；第五次设置行省在至元二十一年（1284年）九月，当时福建行省并入江淮行省，又为转输方便，蒲寿庚受命以行省左丞分省泉州，行使行省平章政事职权；第六次设置行省在大德元年（1297年）春，福建行省徙治泉州；第七次设置行省大概在至正二年（1342年）；第八次设置行省在至正十八年（1358年）。

元代的行省制主要着眼于中央对地方政治上的统治和军事上的控

制，其职权据《元史·百官志》记载，为"凡钱粮、兵甲、屯种、漕运、军国重事，无不统之"，涉及财政、军事、行政等事权。行省有权参与议定下辖各路、府、州、县所掌的赋税数额与征收方式，并拥有调整权。对辖区内市舶等课税，行省也有节制、掌管、监督等权利。宋元泉州社会经济的繁荣，正是元朝在此屡设行省的经济基础，而行省的设置又进一步促进了当地社会经济的发展。

3. 泉州亦被称为"瓷器之路"的主要起点之一

早在 20 世纪 80 年代，就有人提出："海上丝绸之路"应称为"瓷器之路"。持有这种观点的研究者认为，给海道命名的最重要依据，是通过这条海道运输的货物以什么数量最多，是丝绸还是瓷器。在唐代，我国南方和沿海瓷器的发展速度超过了丝绸，当时无论中国船或外国船，其载货都以陶瓷为大宗。北宋向国外输出的主要是瓷器，其次是丝织品和矿产品。南宋出口的瓷器更多。明清的瓷器进入了彩瓷时代，具有了真正意义上的世界影响，以前所未有的规模进入世界市场。总之，自唐以后至清中叶，在这条海道上大量输出的是中国瓷器，这是数量最多的国际贸易货物。因此，这条海上通道应称之"瓷器之路"。言之有理。但也不必拘泥于以通过这条海道运输数量最多的货物来定名，当初称之"海上丝绸之路"，自有其合理之处，才会被所普遍接受，现在大家都习惯这样称呼了。我们不妨把"丝绸之路"分为广义与狭义，广义的"丝绸之路"可视为古代中西方商路的统称。不过，说起"瓷器之路"，倒是在很大程度上反映出泉州古代海外贸易的特点。

泉州地区是我国原始瓷器生产的重要区域，距今 3400 多年至 3700 多年的永春县苦寨坑原始青瓷窑址，是我国目前已知烧造最早原始青瓷的窑址，入选 2016 年度全国十大考古新发现。

宋元时期泉州窑址遍布域内，现已发现外销瓷窑址 150 多处，其密度居全国前列。有"中国瓷都"之称的德化县，是我国著名的陶瓷产区，也是外销瓷器的重要基地。宋元时代，德化瓷器随着泉州港商业的繁荣和海外贸易的发展而畅销海外。现已发现了 30 多处宋元时代瓷窑遗址，在东南亚、东非一些国家和地区也发现不少当时德化瓷的遗物，就是历史的见证。明清时期，德化是中国 5 大产瓷区之一。2015 年 5 月 30 日，世界手工艺理事会国际专家组全票通过，授予德化县"世界陶瓷之都"称号。

晋江市磁灶是古代泉州的另一处外销瓷产地。磁灶窑系的产品在日本、菲律宾等东亚、东南亚国家多有出土，也频频发现于西沙群岛和南海的沉船中。适合海洋贸易的瓷器一般胎厚、质粗、硬度大，纹饰渐趋简单，利于降低生产成本，适宜长途运输。磁灶金交椅山窑生产的瓷器为其典型代表。

屈斗宫德化窑遗址和磁灶窑址均为国家级重点文物保护单位。

随着海外贸易的兴盛，元代泉州城市的建设也取得了前所未有的成就，至正十二年（1352 年），泉州地方政府对罗城进行了一次大规模的扩建，将位于今老城区涂门街一带的原罗城的南垣，拓展至濒临晋江岸边，把当时最繁华的城南商业区的大部分也包罗进来，从而使泉州城周由唐代开元年间初建时的 3 里、五代时扩建的 20 里拓展到 30 里，移建宋代泉州城的镇南门于原翼城（泉州城以南濒江地带加建的防洪墙）南门，改称德济门。泉州城的规模和繁荣至此盛极。当时泉州城居民，除了蒙古官吏、汉族商人、百姓及其他少数民族外，还有大量的阿拉伯、波斯、印度、南海诸国的人们，中外客商云集，番货异物堆积如山。

德济门遗址也是国家级重点文物保护单位。该遗址主要包含南宋和元时期建筑遗存，完整地保存了 11 世纪以来泉州城南部拓建、发展、演变的历史印迹，具有重要的文物价值。

4. 外国旅行家对元代泉州的兴盛惊叹不已

元代泉州的兴盛，使当时亲临此地目睹的外国旅行家惊叹不已。

意大利旅行家马可·波罗在其游记里这样写道:

> 抵达宏伟秀丽的刺桐城(按:泉州),在它的沿岸有一个港口,以船舶往来如梭而出名。船舶装载商品后,运到蛮子省各地销售。运到那里的胡椒,数量非常可观。但运往亚历山大供应西方世界各地需要的胡椒,就相形见绌,恐怕不过它的百分之一吧。刺桐是世界上最大的港口之一,大批商人云集这里,货物堆积如山,的确难以想象。每一个商人,必须付自己投资的总额百分之十的税收。所以,大汗从这个地方获得了巨额的收入。商人们租船运货,对于上等商品,须付该货价值的百分之三十的运费,胡椒却须付百分之四十四的运费,对于檀香木,其他药材以及一般商品,运费是百分之四十。据商人们计算,他们的花费,包括关税、运费在内,总共达到货物价值的一半。然而,就是从这余下的一半中,他们也能取得很大的利润,所以他们常常能够用更多的货物,回销到原来的市场。

摩洛哥著名旅行家伊本·白图泰在其游记中也写道:

> 渡大洋后,所至第一城,即刺桐(按:泉州)也。……余见港中,有大船百余,小船则不可数矣。此乃天然之良港。为大海伸入陆地,港头与大川相接。城内每户必有花园及空地,居屋即在其中央。正犹吾国之赛格尔美撒(Segetmessa)城内情形。

伊本·白图泰在泉州看到当地造船技术先进,设备精良,大者有3至12帆,一艘可载千人;泉州所产绸缎比北京生产的质量还要优良;出口的瓷器,运抵印度诸国,甚至远达摩洛哥。因此他认为泉州港"即谓为世界上最大之港,亦不虚也"。

第四章　海神妈祖泉州缘

与泉州古代海外贸易关系密切的海神信仰，主要有天后妈祖、真武大帝、通远王等。真武大帝是一尊全国性的神祇。泉州历史上真武大帝庙宇遍布城乡，如今主要集中在泉州市区及沿海一带。其代表性庙宇就是始建于北宋乾德五年（967年）的法石真武庙。通远王被认为是泉州历史上第一代最有影响的海神，后来其海神地位被妈祖取代，如今在泉州市的8个县（市、区）及莆田市仙游县等地均有分炉。其代表性庙宇就是始建于唐开元初年的泉郡昭惠祖庙（位于今南安市向阳乡五台乐山之巅）和始建于唐咸通初年的丰州昭惠庙（位于今南安市丰州镇九日山麓）。

在泉州人所崇拜的海神中，影响最为广泛、知名度最高的神祇，就是妈祖。妈祖信仰的形成、发展与传播，与泉州有着不解之缘。

一、作为人神崇拜的妈祖其人其事

多神崇拜是民间信仰的主要特点之一。有的学者把民间信仰的众多神灵，大致分为自然神和人神两大系统。妈祖信仰即属于人神崇拜。

1. 有关妈祖生平的文献资料

妈祖在历史上实有其人，这一点在学术界是比较一致的，但对于妈祖的生平事迹及其家世，则说法不一。关于妈祖其人其事，目前尚未发现南宋以前的有关文献资料，连蔡襄（1012～1067年）和郑樵

(1103～1162年）这两位非常熟悉莆田本地掌故的学者，都没有留下有关妈祖的文字记载。载于《圣妃灵著录》（可能是南宋第一部关于妈祖信仰的专著，现已失传）而幸存于地方族谱的《圣墩祖庙重建顺济庙记》，乃南宋绍兴二十年（1150年）正月十一日廖鹏飞所作，目前被认为是年代最早、记载最详的妈祖文献资料，其中提及有关妈祖生平事迹虽仅寥寥数语，但意义很大。《圣墩祖庙重建顺济庙记》在追述当初建立圣墩庙供奉湄洲神女（妈祖）的缘起时说：

> 郡城东，宁海之傍，山川环秀，为一方胜景，而圣墩祠在焉。墩上之神，有尊而严者曰王，有皙而少者曰郎，不知始自何代；独为女神，壮者尤灵，世传通贤神女也，姓林氏，湄洲屿人。初，以巫祝为事，能预知人祸福；既没，众为立庙于本屿。圣墩去屿几百里。元祐丙寅岁，墩上常有光气夜现，乡人莫知为何祥。有渔者就视，乃枯槎，置其家，翌日自还故处。当夕遍梦墩旁之民曰："我湄洲神女，其枯槎实所凭，宜馆我于墩上。"父老异之，因为立庙，号曰圣墩。岁水旱则祷之，疠疫祟降则祷之，海寇盘桓则祷之，其应如响。故商舶尤藉以指南，得吉卜而济，虽怒涛汹涌，身无恙。

宋代人廖鹏飞在庙记里扼要地向我们点出了妈祖（世传是"通贤神女"，而妈祖本人则托梦告知信仰者乃"湄洲神女"）的身世：姓林氏，湄洲屿人，生前以巫祝为事。

说妈祖生前为巫的身份，并无碍于妈祖信仰的形成和发展，现实生活中巫术与民间信仰之间存在着密切的关系。在民间信仰兴盛的古代，巫在民间是一种颇受尊敬的职业，充满神秘感，非一般常人所能为，他们不仅生前受尊敬，而且在去世后还有不少人被尊奉为当地的神祇加以祭祀。

根据宋元时期的有关记载，我们只知妈祖姓林，其名不详。称妈祖名"默"的记载，是到明末丘人龙编纂的《天妃显圣录》中才出现的。

民间又说妈祖名默娘，古代莆田民俗称女性双名的后一字为"娘"者不少，因此妈祖名"默娘"的可能性也很大。妈祖成为民间对天后神的专称，应是较后的事。如今莆田、泉州等地的民间信仰还时常以"妈"或"祖"这两字用来对所奉祀神祇的一种尊称，而且在语气上更有亲切感。

关于妈祖的家世，南宋时黄岩孙在《仙溪志》中最早称妈祖的父亲为林愿，母亲为王氏，但没提及林愿任何官职。自元代程端学在《鄞灵慈庙记》中考称妈祖为"兴化莆田都巡君之季女"后，到清代已形成了妈祖林默是晋安郡王林禄的二十二世孙女、九牧林蕴的八世孙女、湄洲都巡检林惟悫（一作愿，因犯远祖讳，故改名）之第六女的说法。因为有文献记载作为依据，所以现在有不少研究者认为妈祖为官家子女。

2. 民间传说中的妈祖生平事迹

由于早期地方文献对妈祖家世生平的记载稀少，后来虽有增加，但往往因说法不一而让人难以适从。今天我们对妈祖生平事迹的了解，更多的是来自民间故事和传说。自从林默成神后，有关她生平事迹的传说越来越多，主要有：妈祖诞降、窥井得符、救父寻兄、化草救商、菜屿长青、祷雨济民、降伏二神、收伏晏公、恳请治病、收高里鬼、解除水患、驱除怪风、收伏二怪、挂席泛槎、铁马渡江、湄屿飞升等。下面即选述10则。

妈祖诞降。妈祖父母虽有6个子女，但仅一男，担忧难保传宗接代，故经常拜佛祷告。结果感动了南海观音大士，即托梦赐予贤嗣，让王氏怀孕，但没说明是男是女。北宋建隆元年（960年）三月二十三日傍晚，王氏将近分娩时，天现异象，只见一道红光，从西北射入室中，光辉夺目，香气飘荡，久久不散。又听见四周隆隆作响，好似春雷轰鸣，地变紫色。随即王氏感到腹中震动，妈祖于是降生。父母见生的不是男孩，大失所望，但因生得奇异，亦十分疼爱。妈祖自出生至满月都不哭啼，父母便给她取名林默。

窥井得符。妈祖 16 岁时，有一次照妆于井中。忽见一位神人捧铜符一双拥井而上授给她。据说妈祖所受铜符可避邪，法力日见玄通，她虽身在室中，却能时常神游方外，经常为人治病消灾，趋吉避凶，无不应验。而且能驾云飞渡大海，拯救海难。远近的人都很感激她，尊称她为"神姑""龙女"。

救父寻兄。妈祖 16 岁这年的秋天九月某一天，父亲和哥哥在海上遇险。是时妈祖正在家中织布，顿时心灵感应，即伏在织布机上闭起眼睛处于昏睡状态，但手脚却在作着救人的动作。母亲见状十分惊诧，把她叫醒，结果妈祖手上的梭一坠地，海上正与风浪搏斗的哥哥那只船即被汹涌的浪涛所吞没，而父亲所在的这只船则脱险返回。后来妈祖又把哥哥的尸体载回湄洲屿上安葬，湄洲岛民无不称赞妈祖的孝顺和慈善。

祷雨济民。妈祖 21 岁时，莆田县大旱，山川焦涸，农民困苦告急。全县父老都说，非妈祖不能救此灾难。于是县尹亲往求救。妈祖即行祈雨，时辰一到，突然天空阴云密布，随即大雨滂沱，平地水深三尺，农民喜得甘露，大家欢呼顶礼，无不盛赞妈祖功德。

降伏二神。妈祖 21 岁时，曾降伏了顺风耳和千里眼二神。之前这二神经常出没作祟，村民甚受其苦，祈求妈祖惩治。于是妈祖演起神咒，林木震荡，呼呼作响，沙石飞扬。二神无处躲闪，伏地归依妈祖。此后，这二神作为妈祖的耳目，为拯救海难，驱恶扬善效力。

收伏晏公。当时海上有个名气很大的怪物叫晏公，常在水上嘘风击浪，翻溺船只，深为水途大患。妈祖即驾舟驶至东部浩瀚大海，作法制伏，命令他在海上保护舟船，解除民众危厄。后来，晏公就被妈祖任命为部下总管，统领水阙仙班。

恳请治病。有一年，莆田县瘟疫盛行，连县尹的全家也病倒了。县尹听说妈祖法力广大，能起死回生，救灾恤难，即亲自登门请救。妈祖念他平时为官仁慈，就告诉他将菖莆九节，煎水饮服，并将她所书咒符贴于门口。县尹遵嘱施行，果真疾病立愈。县尹感激之至，举家登门拜谢救命恩人。

解除水患。妈祖26岁时，闽浙两省尽受水灾，官民请妈祖解救。妈祖说："上天降灾，都因人间积恶所致，我当祈求上天赦佑。"于是烧香焚符，当空祷告。不久，即浓云消散，万里晴空。当年五谷丰登，地方高官即向朝廷奏请并奉旨向神姑褒奖。

收伏二怪。传说当时湄洲屿有嘉应、嘉佑二怪，经常出没为害百姓。有一天，一只驶至海面中流的客船，遭怪物掀起的风浪冲击将要沉没。妈祖发现后，立即化作一只寻常货船，拍浪前进，念起神咒，将其收服。一年后，妈祖又设计施法，收服了嘉应怪。妈祖水阙仙班共有18位神，其中两位就是嘉应和嘉佑。

湄屿飞升。北宋太宗雍熙四年（987年），妈祖时年28岁。重阳节的早上，妈祖在家中焚香念经后，即与诸姐告别，直上湄洲屿的山顶。这时，只见峰顶上浓云四合，一道白气冲上天空，仿佛听见天空有丝竹管弦奏起的仙乐声，直彻云天，且有彩虹辉映，妈祖随即乘长风驾祥云，翱翔于苍天皎日之间，若隐若现。忽然彩云布合，不可复见。湄洲民众仰望天空，无不欷歔惊叹。据说此后妈祖经常显灵，乡亲们能看到她或盘坐于彩云雾霭之间，或服朱衣飞翔于海上，常示梦显圣，救人急难，护国佑民。于是乡里之人就在湄峰建起祠庙虔诚敬奉，朝拜者络绎不绝。

上述妈祖林默传说中的许多内容，虽然带有较浓的神话色彩，但从中可以看出妈祖其人的崇高形象。她心地善良，勤劳勇敢，智慧超群，好行善事，关心乡里疾苦，济世利人，尤其是在抢救海难中，英勇顽强，奋不顾身，表现了她乐于助人至舍己救人的高尚精神。因而妈祖在世时受到人民群众的热忱爱戴和衷心崇敬，去世以后还被尊为能为百姓消灾解难的保护神，特别是广大船民、渔民、商人的保护神，这些就是妈祖信仰及后来成神各种传说产生的根本原因。

二、从"湄洲神女"到"泉州神女"

1. 历代王朝的褒封与妈祖信仰的发展

妈祖逝世后,即由人成神,妈祖信仰的香火从海滨僻陬走向四海,成为广大航海者的主要保护神,其重要的原因无疑就是历代王朝对她的极力推崇。从妈祖诞生的宋朝起,经历元、明、清几个朝代多次褒封,妈祖从"夫人""天妃""天后",直至"天上圣母",并列入国家祀典。由于得到统治阶级多次的晋级褒封和文人学者的大力颂扬,妈祖这一民间信仰便广泛地传播开来,我国许多地方都先后建起了妈祖的宫庙,妈祖逐渐成为统领四海的最高海神。同时,伴随漂洋过海的华侨、海员和外交使节,妈祖的名字及香火,又传播到世界各地,成为颇具世界影响的海神。

妈祖信仰最早引起朝廷注意并加以承认的,是在北宋末年。北宋徽宗宣和五年(1123年),给事中路允迪出使高丽,途中遇大风,获妈祖神助,得以平安归来,奏神显灵,奉旨赐"顺济"(即顺风以济之意)庙额。因此,泉州于南宋前期建的妈祖宫即称"顺济"宫。

妈祖首次受朝廷褒封,在南宋前期的绍兴二十六年(1156年),"有司以灵应闻于朝,封灵惠夫人"。这"灵惠夫人"是国家给予妈祖的第一个封号。其后,南宋王朝根据各地官员陈奏的妈祖灵应神迹,又对妈祖褒封了13次,其尊号自高宗绍兴三十年(1160年)的"灵惠昭应夫人",至理宗景定三年(1262年)的"灵惠协正嘉应慈济妃"。

元朝对妈祖的褒封少于宋朝,只有5次,量虽少,但质却有了飞跃,封号的规格更高,赐妈祖为"天妃",一跃而为统管所有海域的神祇。

明朝对妈祖的褒封次数是历代最少的,只有两次,而且褒封的规格沿袭元朝，没有新的升格。

清朝对妈祖的褒封为历代最多的，达15次。而且还把妈祖的神格提高到了极限：康熙十九年（1680年），封"天上圣母"；康熙二十三年（1684年），封"天后"。此后300多年来，"天上圣母"和"天后"就成了妈祖的圣称，各地的妈祖宫庙，也多使用"天后"或"朝天"为宫庙名。

2. 元朝晋封"泉州神女"妈祖为"天妃"

在妈祖信仰史上，元至元十五年（1278年）晋封妈祖为"天妃"，可视为具有里程碑式的意义。《元史·世祖本纪》载：

> 至元十五年（1278年）八月乙丑（按：即八月十四日），制封泉州神女号护国明著灵惠协正善庆显济天妃。

在前面提及的那篇被认为是年代最早、记载最详的妈祖文献资料《圣墩祖庙重建顺济庙记》中，非常明确地写着：妈祖托梦告诉圣墩乡民说，"我湄洲神女"，可元朝廷在制封妈祖为"天妃"时，为什么不称"湄洲神女"而称"泉州神女"呢？

我们先来谈谈"神女"称谓问题。

在古代，巫女生前及殁后为神者均可称之。据有关地方文献记载，妈祖在生前已被称为"神女"。作为生前的称谓，系于"神女"之前的"湄洲"二字，即指其籍贯。以后，随着妈祖知名度的不断提高，"湄洲神女"便成为其专称。妈祖被神化后，仍有"神女"之称。

据上所述，我们可以说，系于"神女"之前的地名，在妈祖被神化前多指其籍贯；当妈祖神化后，则多指祀奉妈祖的庙宇所在地。泉州闽台关系史博物馆、泉州天后宫修缮基金董事会于1990年编印编的《泉州天后宫》说，"太平兴国四年（979年），划泉州府的莆田、仙游二县建兴化军。妈祖生于北宋建隆元年（960年），卒于雍熙四年（987年），享年28岁。她的一生中，仅当了八年的兴化军人，而在建兴化军的前

20年，妈祖是在泉州府入籍的。这样，从严格意义上说，妈祖原本是泉州人"。这话说得不无道理。但是，《元史·世祖本纪》所载的"泉州神女"，指的却应是神化后的妈祖，即其时供奉在泉州顺济庙里的那尊妈祖神像。

其实，元代朝廷对妈祖的籍贯是十分明了的。元朝曾遣使自北而南，历祭沿海各妈祖庙，在当时十五所官方承认的妈祖庙中，以湄洲、泉州二庙最重要，其《祭湄洲庙文》称妈祖"炳灵于湄洲"；《祭泉州庙文》则曰，"圣德秉坤极，闽南始发祥"。

3. "泉州神女"与元代泉州海外交通的关系

元代的泉州是闽南的政治、文化中心，又是闻名世界的"刺桐港"所在地，因此，在《祭泉州庙文》中，朝廷对妈祖是侧重于从政治经济意义加以表彰："海外风涛静，寰中麟凤翔。民生资保锡，帝室借匡襄。"下面我们再谈谈"泉州神女"与元代泉州海交的关系。

元代妈祖信仰的特点之一，是作为漕运保护神加以崇拜，但这个特点的最后形成，有个发展的过程。

就元初至元十九年（1282年）以前元世祖对妈祖的两次褒封而言，庇护漕运并不是其主要的目的。元代的妈祖信仰作为漕运保护神加以崇拜的特点，与始于至元十九年的海运有很大的关系。

泉州位于我国东南沿海，虽拥有著名的"刺桐港"，但与当时的河、海二漕运没有多大关系。因此，元世祖在至元十五年对妈祖的首次褒封时，特称"泉州神女"，当另有目的。

元代建立以后，继承了宋代鼓励海外贸易的政策。早在至元十四年（1277年），元朝即在泉州设立市舶司，管理海外贸易。至元十五年八月，就在"制封泉州神女"后的没几天，马上又诏令行中书省唆都和蒲寿庚招徕外商。至元二十一年（1284年），又在泉州设市舶都转运司，甚至连官府也直接参与海外贸易。其后，由于海外贸易发展的需要，元朝设立的市舶司达七所，即泉州、上海、澉浦、温州、广州、杭州、庆元，其中以泉州港最受朝廷重视。当时其它海港，蕃舶货物十五抽一，惟泉州港三十取一，以优惠的低关税，来吸引更多的外商。朝廷还相应地采取了提高泉州政治地位的措施，或立宣慰司或建省，以重其镇。元朝政府采取的这一系列积极措施，加速了泉州港鼎盛局面的到来。

在元世祖对海外几次大规模的军事行动中，泉州港也具有非常重要的地位。至元二十九年（1292年），元世祖诏征爪哇，这是当时出师海外诸番的最大战役，调福建、江西、湖广三行省兵力2万人，发舟千艘，于十一月会集泉州，十二月即自后渚港启行，次年因受严重损失而退兵，也是在泉州靠岸的。另至元十八年（1281年）第二次远征日本，元军兵力多达10万，泉州港也成为远征军出发的港口之一。至元十九年（1282年），唆都率军浮海攻占城，是从广州港出发的，但泉州港也是占城之役后方补给线的重要基地之一。而琉求，"距泉州为近，可伺其消息，或宜招或宜伐，不必它调兵力，兴（即福建省平章政事高兴）请就近试之"。总之，在元军对外的军事行动中，不论是北上日本，还是南下占城、爪哇、琉球，泉州都是一个重要的港口。但由于泉州港被用于海外远征的时间相当有限，故有元一代的泉州港，是以对外贸易港口而闻名于中外。

海外贸易和海外用兵是远洋航行，要比沿海岸线航行的海漕冒更大的风险，因此，更需要海神的庇护。而自南宋以来，妈祖已在逐渐取代其他男性海神，宋代为发展泉州对外贸易而举行的九日山祈风和真武庙的祭祀海仪式，也于宋元之际改为在泉州顺济庙（今泉州天后宫）行香祈祷妈祖。故至元十五年，刚降元的原宋朝泉州市舶提举蒲寿庚所奏请褒封的海神即为"泉州神女"（供奉在泉州顺济庙内的妈祖神像）。至元十八年南宋彻底灭亡后，新任福建市舶提举的蒲寿庚之子蒲师文（其衙门也是在泉州），再次正式以"有司"的名义奏请敕封。出于元朝发展海外贸易、对外用兵以及国家漕运的需要，再加上当时元世祖十分看重刚归降的蒲寿庚，所以对这两次奏请均很快就予以批准。元朝统治者对妈祖信仰的扶植，重视海外贸易是主要原因之一。如元文宗《天历二年加封徽烈诏》中赞颂妈祖："风转舵摧，屡救吾民之厄；火流水净，常全蕃舶之危。"

泉州港海上交通的发展，对历史上妈祖信仰的发展与传播，无疑是起了极大的促进作用。今泉州天后宫正殿内有对楹联，十分贴切地反映了"湄洲神女"与"泉州神女"的密切关系：

当神存世时，莆晋同区，迨刺桐港鼎盛，元廷以泉州神女封天妃，靖海平台，升衔天后；

兹庙临江渚，华夷杂处，昔镇南门未移，宋代建顺济庙宫而典祀，伏波恬浪，垂耀典谟。

三、香火鼎盛的泉州妈祖庙

在形成于福建的女性神祇中，以海神天后妈祖的神格最高。妈祖信仰形成于宋代，其信仰范围，从妈祖的故乡湄洲开始，逐渐向外传播，如今已成为具有国际影响的女神。由于历史与地理等方面的原因，泉州地区祀奉天后妈祖的宫庙很多，连回民聚居的陈埭镇和百崎乡也有许多妈祖信仰者。如陈埭西坂的西锦村即奉妈祖为境主，百崎的埭上村、山兜村、下埭村也都建有妈祖庙。

1. 泉州天后宫

位于泉州市鲤城区老城区天后路的泉州天后宫，素来被认为是我国现存妈祖庙中建筑规格最高、规模最大、年代最久的一座，其建筑艺术高超，是海内外众多天后庙宇的建筑范本，也是历史上天后信仰极为重要的传播中心之一。泉州天后宫是大陆妈祖庙中第一座被国务院审定公布的国家重点文物保护单位。

泉州天后宫所在的天后路，为全城繁华要地，历史上蕃舶客航聚集之处。天后宫始建于南宋庆元二年（1196年），历代均有修缮，其主体格局形成于宋代，现正殿和寝殿留有宋代石质建筑基础，木构件多为清代按原貌修建。该宫初名顺济宫，其始建缘由及民间信仰、官方礼祭情况，明代隆庆版《泉州府志》有载：

> 宋庆元二年（1196年），泉州浯浦海潮庵僧觉全，梦神命作宫，乃推里人徐世昌倡建。实当笋江、巽江二流之汇，番舶客航聚集之地，时罗城尚在镇南桥内，而是宫适临浯浦之上。自是水旱盗贼，有祷则应。历代派官赍香诣庙致祭。明永乐五年（1407年），以出使西洋太监郑和奏令福建守镇官重建新其庙。自是节遣内官及给事中、行人等官，出使琉球、暹罗、爪哇、满喇加等国，率以祭拜祷告为常。

顺济宫于元代至元十五年（1278年）后易名为天妃宫。清康熙二十三年（1684年），因施琅（泉州人）奏称天妃在清军东征台湾之战中，有"涌泉济师"之神功，康熙皇帝特封为"天后"，并钦差吏部郎中雅虎等官，带御书香帛到泉州庙和湄州庙致祭。自此改称天后宫。清道光十九年（1839年）赠封"天上圣母"。如今台湾的妈祖庙，有许多是从泉州天后宫分香去奉祀的，又称"温陵妈"。

泉州天后宫现有建筑物为清代泉州人靖海侯施琅重建，占地7200平方米，主要有山门、戏台、东西阙、大殿（天后殿）、东西廊、寝殿、东西轩、东西凉亭和梳妆楼等。其中，以大殿和寝殿最有特色。

大殿即正殿，又称天后殿，是供奉天后圣像的地方，占地面积635.50平方米，殿高12米。重檐歇山顶，面阔五间，进深五间。

寝殿位于正殿之后，又称后殿，地势比正殿高出1米。前檐设廊，硬山顶，面阔七间，进深四间，占地面积近700平方米。

泉州天后宫自1989年重新开放以来，接待过很多前来寻根谒祖和进香的台湾同胞。台南大天后宫、彰化鹿港天后宫、澎湖天后宫、嘉义新港奉天宫、北港朝天宫等数百个宫庙均与泉州天后宫有着密切往来，有的还结为姐妹宫。

下面我们再简要介绍今泉州市其他几座较有名的妈祖庙。

2. 蟳埔顺济宫

蟳埔顺济宫位于今泉州市丰泽区蟳埔村，该宫始建于明代万历年间（1573～1620年），清代顺治十八年（1661年）重建，1931年、1980年、1984年又先后进行了重修。现建筑面积400多平方米，占地总面积1500平方米。蟳埔顺济宫奉祀海神妈祖，并有大妈、二妈、三妈作副驾，同祀观音力士、圣姑妈（夫人妈），配祀千里眼和顺风耳。随着历史的推移，以后又同祀保生大帝、田都元帅、康王爷等诸神。

宫中旧有签诗28首，源于28宿的星宿名称。签诗以星宿名为首字，以各星宿的功能内涵为引子。签诗的内容涉及天文地理、五行、干支、六兽，以比附世间人事的符应。传说清康熙年间，施琅将军奉命平台，水师曾寄碇蟳埔顺济宫。出征前，施琅闻蟳埔顺济宫灵圣，特地躬走宫中抽签求卜。抽得的签诗为："皎皎一轮月，清风四海分。将军巡海岛，群盗往前奔。"是一支吉利签。果然施琅东征告捷，于农历八月十三日率舟师抵台，并于八月十五日中秋节这一天移师赤嵌，举行隆重的受降仪式，在时间上也恰好与事先所抽神签所揭示的自然景象吻合。因此，施琅凯旋后，特地于康熙二十四年（1685年）向蟳埔顺济宫敬献一"靖海清光"匾，该匾至今尚高悬于宫中。

现居台湾祖籍为蟳埔村的同胞有1000多人，近几年来，台湾同胞前来蟳埔顺济宫进香、抽签者数千人次。

3. 金井天后宫

清代《泉州府志》和《晋江县志》均提到围头天后宫是泉郡三处有

名的妈祖神宫之一。在今围头半岛南端（即现金井镇范围内），有陈厝、福全、下丙、金井等四处妈祖宫，其中位于金井镇区旧街中段的天后宫，就是清代府、县志中所载的妈祖神宫。

金井正临围头湾，天后宫前有道海港，每遇飓风，外洋的船只都要绕过围头海岬，到此处避风。有研究者认为，当年施琅将军率征台水师避风，有可能停泊于此处，并入庙祈祷，获妈祖保佑。金井天后宫世称之"东宫古地"，但建庙的起始年代，已经难以查考了。

原金井天后宫为前后两进，宫前有个拜亭，宫左有一小楼，名梳妆楼，楼下奉祀修庙檀主，常年住有看庙的"菜姑"或"斋公"。"文革"时庙宇遭毁，"文革"后经海内外热心人士捐款，庙宇在原址上翻修一新，为双层宫殿，上层前后两进，前奉妈祖神像，后奉三世尊佛；下层供土地神。宫前置有一个由台湾高雄的善信铸献的大香炉（直径1米，重1800斤）。宫左又重修一座三层的梳妆楼，上供妈祖梳妆神像（不戴冠），楼下辟出一方广场。作为演戏酬神的戏场，平时供祭赛活动用。宫中每日早晚都有"在家善友"多人在神祇前做功课诵经文。每逢三月廿三日妈祖圣诞，天后宫董事会还组织各村信众往湄洲谒祖进香，动辄数百人，然后演出数日高甲戏或电影。附近数村，则联合举行赛会游行，人数可达千人。

4. 新亭尾天后宫

惠安县的天后宫不少，但历史上载入清代《惠安县志》《泉州府志》和《福建通志》的"坛庙寺观"卷，仅有一座，即位于惠安县城南门外霞莲铺（今惠安县螺阳镇新霞村）新亭尾街东的新亭尾天后宫。

查所有的旧方志，均没说明新亭尾天后宫的始建时间。1995年8月，该宫董事会曾组织人员编纂一本《惠安南门外天后行宫史概》（油印本），说："在宋庆元二年（1196年）与湄洲妈祖同时被人们立庙奉祀"。但根据有关历史资料分析，新亭尾天后宫不可能始建于南宋庆元二年（1196年），很有可能是在清代康熙年间兴建的。

由于地方文献资料缺载，新亭尾天后宫自清代以来的重修情况不详。至20世纪70年代，新亭尾天后宫已濒临倒塌的边缘。因此，自1982年开始筹资修缮，直到1988年才基本完成。

新亭尾天后宫，从西向东，为两进三开间硬山式建筑，中间天井又加筑一拜亭；左右两侧各建一护屋，左屋为文昌祠，右屋是龙王祠。整座宫庙的总建筑面积为379.68平方米。宫内正殿主祀海神妈祖，左边陪祀观音佛祖，右边陪祀"主胎娘娘"（注生娘娘）；左厢陪祀千里眼和福德正神，右厢陪祀顺风耳和大二哥爷（嘉应、嘉佑二魔）。左护屋为文昌祠，主祀文昌帝君，陪祀左为包拯，右为南斗星君；右护屋为龙王祠，祀南海龙王。新亭尾天后宫所主祀的妈祖、南海龙王和文昌帝君等神祇，在清代均被列入官方主祀典之神，从雍正时开始，官方祭祀妈祖和南海龙王还特定于此宫。可见，清代的新亭尾天后宫在惠安县的众多宫庙中，是居于相当显要的地位。在惠安新亭尾天后宫中，妈祖所统下的主要诸神基本上都有崇祀，这在如今泉州一带的妈祖庙中并不多见。

5. 崇武天后宫

崇武天后宫又名妈祖宫，在惠安县崇武城外江口北山麓。据《崇武所城志·庙祀·天后宫》载，崇武天后宫在万历三十一年癸卯（1603年）和清顺治乙末年（1655年）曾先后重修，但没提及该天后宫的创建年代。民间传说称始建于宋代：某年某日，崇武海滨漂来一块木头，停于江口山下螃蟹穴内，乡民有梦见妈祖显圣，遂雕成"乌面妈祖"神像供奉。

在《崇武所城志》中记载有清代的三篇碑记：《天后庙序》（康熙四十四年，即1705年）、《重修明著天后庙记》（康熙四十七年，即1708年）、《重修崇武天后宫序》（嘉庆二十四年，即1819年），但原石碑均已散失，现残留的一块石碑，是立于清乾隆五十六年（1791年）九月的官方保护该宫的告示。民间传说清乾隆五十二年（1787年），户部尚书、军机大臣福康安渡台前，曾停泊崇武港，祈求乌面妈祖佑护，亦平安抵台。

以前崇武天后宫在前殿祀四尊乌面妈祖，后殿祀三尊红面妈祖，群众称乌面妈祖为大妈、祖妈，按顺序从左至右为二至七妈。如逢鱼汛渔船出海，必奉乌面妈祖在头船开路，整个船队才敢开航。抗日战争后，因天妃宫内贮存的渔网阴燃发火，宫被焚毁，至1953年前才重修。据说过去崇武乌面妈祖曾到湄洲妈祖庙、进香一次，回来后，神像脸皮脱掉，故以后一直不必再去湄洲祖庙进香，而湄洲祖庙的一些重要事项，也不再通知崇武天后宫。20世纪90年代，崇武天后宫再次对前殿、后殿、宫前石埕、两厢房屋等进行大修。

崇武地处海滨，渔民靠海谋生，故崇拜天后妈祖之风甚盛，在溪底、大岞等村，均建有妈祖庙。

6. 沙格灵慈宫

沙格灵慈宫虽在旧方志上缺载，却是今泉港区（自惠安县析置）影响最大的天后宫。

沙格灵慈宫又简称沙格宫，位于泉港区南埔镇沙格村。始建于元至元年间（1264～1294年），初名"圣母庙"。已知清嘉庆十四年（1809年）及光绪年间（1875～1908年）曾有两次大修，并改称灵慈宫。主祀海神妈祖。1986年至1987年经华侨集资重修，后又陆续小规模修整。

该宫坐北朝南，总面积504平方米，由山门殿、过亭、两厢和大殿组成。大门联为"湄岛渡慈航，四海安澜资后德；睢阳垂劲节，一方保障赖神功"。大殿宽五间，进深三间，神龛中间供奉妈祖娘娘，左右两旁为二妈注生娘娘和三妈注花娘娘。左右两旁侧座上分别供奉红脸武安尊王和黑脸司马圣王。上方悬挂"海天元后"大匾额，上款是"大清乾隆肆拾柒年岁次壬寅菊月谷旦",下款"敕授文林郎署泉州府惠安县知县建南胡启文敬立",系清乾隆四十七年（1782年）文物。大殿左右两侧原有庵堂、龙王庙和龙舟宫等建筑,惜毁于"文革"期间。1986年在庙东南侧建观音阁,1990年增建龙舟室。

7. 霞洲妈祖宫

霞洲妈祖宫在今鲤城区江南街道霞洲,始建于明天启二年（1622年）,据说是当时里人林氏船工从湄洲分灵而来。庙宇初建时虽简陋,但灵验感人。清顺治十八年（1661年）,里人集资建筑规模较大的宫庙,香火日益兴盛,旅居台湾、港澳及国外者,亦来祷告许愿与酬谢还愿。1920年,里人诸善信配合海外侨胞,集资兴建庙宇前殿,塑造金身、凤辇,树碑挂匾,并在村中五甲埕举行开光礼仪,四乡仁邻都来朝拜,盛况空前。

霞洲妈祖宫位于晋江下游,笋水之滨,每年妈祖降生升化之日,大鲨随潮入溪,在浪潮中跃水翻波,被观众称为朝拜妈祖奇观,赞曰"水族朝圣"。

"文革"期间,霞洲妈祖宫被毁,妈祖神像、凤辇、匾额等被焚烧一空。但逢年过节,虔诚的信仰者仍在原废墟之地,垒石为桌,用泥造炉,焚香奉敬。"文革"后,当地民众于1982年在原址复建前殿。其后,旅居马来西亚侨胞、台港澳同胞和泉州本地的信仰者又虔诚捐资,于1989年底开始扩建后殿,1991年农历十月竣工。殿坐南朝北,用花岗石砌高为基座,高于地面1.7米,从而排除了庙宇因临溪傍堤所导致的洪患之忧。

霞洲妈祖宫与台湾妈祖宫庙往来交流密切,2012年8月7日,台湾鹿港妈祖宫圣母分灵在该宫主委张伟东先生的护送下,返回泉州祖籍地,永久安放在霞洲妈祖宫。

第五章　世界宗教博物馆

称赞泉州是"世界宗教博物馆",最早是国内外专家学者说的,如今已得到大家的普遍认可,且成为泉州人引以为豪的含金量很高的一张文化名片。

泉州历史文化的国际性,突出地表现在世界多元宗教文化在泉州和谐共处、兼容共荣的历史事实,这在今天已得到国际上爱好和平人士的充分肯定。中世纪时,西亚和欧洲长期陷入宗教冲突和战争,而在东亚的泉州,世界各种宗教却可以和平相处,在世界历史的视野中,这是一种奇特的文化现象。2002年,联合国教科文组织设置的首个"世界多元文化展示中心"落地泉州。是年11月1日,在泉州的"世界多元文化展示中心"培土奠基仪式上,"联合国文化遗产年"(2002年)项目主管拉姆兹女士说:"'世界多元文化展示中心'是世界各国多元文化的指路灯。"

作为泉州多元宗教文化的历史考察,其时间的下限侧重于1949年以前。

一、道教在泉州已传承了1700多年

道教是地地道道的产生于中国本土的宗教,列为世界性的七大宗教之一。它渊源于中国古代的巫术和秦汉时期的神仙方术,初创于东汉时的四川、河北等地,后来逐渐流行于大江南北,唐以后还流传到朝鲜、

日本、越南和东南亚等地区。

据清乾隆《泉州府志·方外》等记载，早在秦汉之际，泉州就有隐者和方士巫术的活动：泉州城北清源山左峰，有一胜迹称大道岩，其得名缘于秦时来自北方在此修真的一位得道者"大道"；秦时的另一位高人道渊，结茅于惠安万岁峰修炼；汉代今泉州地有一位善禁祝巫术的人叫陈寨，为人治病多愈。这些传说的历史真实性于今已无考，但反映了古代道教流传到泉州以前，本地方士巫术活动的情况。

1. 两晋南北朝时期的泉州道教

两晋南北朝时期，道教在福建得到初步发展的最重要标志是道观的建立。《福建宗教史》说，在隋唐以前，今福建境内共建有3座道观，分别是闽南晋江的玄妙观，建于西晋太康（280～289年）中；闽东宁德的鹤林宫，建于南朝梁大通二年（528年）；闽北建安的报恩光孝观，建于南朝陈永定年间（557～559年）。其中时间最早的就是位于今鲤城区老城区东街的玄妙观，初名为白云庙，可能是道观的雏形。可见，西晋时道教已传入泉州。东晋末年，信奉五斗米教的卢循农民军败退南下，曾控制晋安郡长达一年多，这有利于道教在泉州的流传。南朝的梁代时，泉州的惠安灵鹫山上，据传有唐公、宝公、志公、化公和郎公等五个道士隐居，并在山石上刻符五道及凿刻"五公山"三个大字。

2. 唐朝的泉州道教

唐朝的最高统治者崇奉道教，泉州的经济、文化有了进一步发展，人口增多，为道教在泉州的传播提供了重要条件。泉州在唐代兴建的著名道观有：紫极宫，位于州城行春门外；金粟崇真观，位于州城西南三十三都的金粟洞；州城行春门外建有道教宫，天宝二年（公元743年）赐名紫极宫；州城西南三十三都的金粟洞建有金粟崇真观。原有的白云庙于神龙元年（705年）改为中兴观，后又改龙兴观、开元观，而以老君祠为龙兴观。

唐代随着道教的兴盛，泉州还出现一批著名道士和著名道教学者，他们的修炼和研究道教经典著作，对道教在泉州的流播起推波助澜的作用。著名的道士有蔡如金、郑文叔、蔡明濬、吴崇岳、杨樵、罗隐、秦系等。

3. 五代的泉州道教

五代时闽王政权推崇佛教和道教。晋江王留从效、节度使陈洪进除了是佛教的推崇者外，又是道教的倡导者。他们亲近道士，兴建道教宫观。五代末，留从效改建紫极宫于泉州城迎恩馆之西庑，陈洪进则兴建奉先观。闽王王延昶还拜晋江人谭峭为师，并赐号为"金门羽客正一先生"，南唐主则赐号谭峭为"紫霄真人"。谭峭博学能文，云游终南山、华山、岱山诸名胜，拜嵩山道士为师，曾居江西庐山栖隐洞。后南唐主召他至建康（南京）赐号"紫霄真人"。后回归泉州本籍，修炼于北郊清源山紫泽洞。谭峭为五代泉州著名道士，在全国道教史上亦占有重要一席地位。他的道教著作《化书》流传至今，其道学理论多出于黄老，而糅合儒家的思想，有的篇章具有朴素的唯物论思想，至今仍有其积极意义。

4. 宋代的泉州道教

在宋代，泉州兴建或重修了大批道教宫观，较出名的有天庆观（由唐时开元观改建）、净真观（唐时紫泽宫改名）、东岳行宫（位于州城仁风门外，始建时间年代不详）、法石真武行宫（位于州治东南石头山）、清源山的纯阳洞、北斗殿和真君殿。还有惠安的崇真观，安溪的通元观，南安的徐道庵等。其中最著名的道教建筑物，就是始建于北宋乾德五年至开宝六年间（967～973年）的真武庙（位于泉州市丰泽区法石社区），是祭祀道教中执掌北方之神海神真武大帝的庙宇。其主体格局形成于宋代，目前保存有宋代的石质建筑基础、台基、部分铺装等，石阶两旁扶栏尚有宋代雕刻的石狮等。木构件多为清代按原貌修建。真武庙坐东朝西，占地面积3000平方米，建筑面积400多平方米。依山而筑，布局巧妙，主体建筑有山门、凉亭、大殿等。10世纪到13世纪，泉州官员每年都在这里举行祭海活动。

宋代泉州的道教出现的一个新特点，就是形成了一个十分庞杂的民间道教俗神系统。按其类别，大抵可分为自然神、人物神（生前有功于老百姓的人或怀有异能的隐居者，去世后被人们加以神化，塑像纪念，成为地方的保护神）及动物神等几种情况。对于这些神祇，许多研究者是列入民间信仰的范畴。

宋代泉州的道教研究的名著不少，这些名著对泉州乃至我国道教的流播起了促进的作用，同时，也对保存我国的道教思想文化作出了贡献。其中吕惠卿的《道德真经传》收入道教经典总汇——《正统道藏》，曾慥编撰的道教巨著《道枢》，明代被收入道教经籍总汇《道藏》，清代又被收入《道藏辑要》。

值得注意的是，泉州的道教经历唐、五代时期的发展，至宋代进入儒、道、释三教合一的新时期。在泉州的多元文化中，儒家思想始终占统治地位。

坐落在今泉州市鲤城区海滨街道办事处涂门社区的泉州府文庙，建于北宋太平兴国年间（976~984年），历史上屡经修缮，规制逐步完整，规模不断扩大，现存格局主要形成于宋代。其中大成门、大成殿、金声门、玉振门保留着宋代石质建筑基础、台基等，建筑木构件则为清代按原貌修建。泉州府文庙是中国东南现存规模最大的包含宋、元、明、清四代建筑形式的文庙建筑群，始建并拓展于泉州海外繁荣时期，见证了泉州城市文化生活的兴盛和泉州文化的多元性、包容性传统。

泉州在宋代作为重要的道教遗迹，还有雕刻于10世纪的老君岩造像（位于泉州市丰泽区清源山西峰下）。造像依一块硕大天然的岩石雕刻而成，身披道袍，席地而坐，左手依膝，右手凭几，面额圆润，两眼深邃，双耳垂肩，长髯飘动。整座雕像厚重而不失轻盈，夸张而不失自然。非常生动地刻画出太上老君独有的仙风道骨和慈祥安乐的神态，极具神韵。据地方文献记载，造像附近原建有北斗殿和真君殿，损毁于14世纪，造像遂成为露天之物，与四周奇峰碧野融为一体，另有一番天然的奇趣。老君岩造像是道教鼻祖太上老君的古代石刻造像，是中国现存最大的宋代道教石造像，是清源山诸多宋元时期宗教雕刻的典型代表。

5. 元代的泉州道教

元朝的统治虽然不长，而且社会经常动荡，但因为泉州为世界通商大海港，道教的流传也比较兴盛，故泉州仍有修建道教宫观。比较著名的有至元十八年（1281年）泉州阿拉伯人的后裔蒲寿峨、蒲寿庚兄弟，重建清源山纯阳洞（裴道人蜕化处）。至元二十一年（1284年）蒲寿峨之孙蒲一卿继其祖，再次捐资修缮清源山纯阳洞。元贞元年（1295年），改唐代的天庆观（西晋时名白云庙）为玄妙观。泉州民间信仰中的天妃信仰等因泉州港海上交通的发达而有了较大的发展。但元代泉州的有名道士则不多，见载于明清泉州方志的仅有晋江县的杰道和德化县的吴济川等人而已。

6. 明清时期的泉州道教

在明代前期，道教仍然相当流行，泉州修建不少道教的宫观，到后期，上层道教虽然逐渐衰微，但民间道教仍然十分兴盛，先后有道教宫观重修或重建。如晋江紫帽山金粟崇真观、惠安东岳行宫、泉州紫极宫、德化县崇道观、安溪县清溪宫、晋江县紫帽山古玄室、惠安县科山寺、泉州城郭内的玉虚宫、玉华宫和龙津观等。

明代有不少泉州人深入研究道教理论，写了不少的道教著作，主要有：李贽撰《老子解》《庄子内篇解》《易因》，汪旦撰《道德经注》《黄庭经注》，赵建郁撰《参同契释》，陈用宾撰《諸真篇注疏》《还真大旨》

《大道指南》《道德经契心录》，郭宗盘撰《老子解》《庄子解》，周茂中撰《黄庭经注释》《参同契注释》《悟真篇注释》《感应篇注释》，苏希杖撰《庄子注抄》，李光缙撰《南华肤解》，郑字明撰《阴符经注》《道德经注》，黄乔栋撰《老子解》，韦际明撰《南华经注》《儒道释考》，吴载鳌撰《阴符经运灼》，戴亮策撰《老氏骊珠》《南华知知解》，林欲楫撰《道德经注》，陈洪壁撰《参同契解》，洪天馨撰《参同司契解》《悟真篇解》，陈荣选撰《道德经解》《南华经解》等。

清朝的统治者采取重佛抑道的政策，故清代道教在上层的地位日益衰微，一些前代兴建的道教宫观，也因年久失修而湮没，但也有一部分道教宫观得到重修而得到保存，如玄妙观、东岳行宫等。不过，民间世俗化了的道教仍然十分流行，民间道教神仙系统十分庞杂，神仙的等级繁多，城内的铺境保护神，则构成泉州民间道教的另一特色。

清代泉州人研究道教的著作也不多，主要有李光地撰《阴符经注》《参同契章句》《鼎符》，陈有年撰《阴符经解》，王命岳撰《感应篇引经征事》，黄志美撰《金丹指南》，蔡起撰《道情篇》，黄煜撰《修真要言》，李日升撰《读老牖窥》等。

清末以降，泉州的道教因受新文化的影响和基督教、天主教等外来宗教文化的冲击，日渐式微。特别是二十世纪二三十年代，泉州地区曾经出现破除迷信的运动，再加上军阀混战，土匪猖獗，民间道教受冲击最为严重，一时很难找到有关道教理论修养较高的道士。民国时期的泉州民间道教特点，主要表现为融合了儒道释三教、民间道教的活动与民俗密切结合和民间道教继续远播国外。

二、佛教：最早传入泉州的外国宗教

佛教于西晋时传入泉州，兴盛于唐、五代时期，从宋朝开始与儒、道二教合一并逐渐趋向世俗化。至明清时期，随着中国的封建社会走向崩溃而衰落，民国时期进一步式微。

佛教传入泉州以来，先后创建了大批佛寺。根据有关记载，泉州共有佛寺 800 多座，有名称可考的 600 多座。其中，开元寺、承天寺、崇福寺被称为三大丛林。

1. 佛教于西晋时传入泉州

地方文献记载的泉州最早佛教寺庙，是坐落在南安九日山下始建于西晋太康九年（公元 288 年）的延福寺，该寺是福建历史上建筑最早的"太康六寺"（即均建于西晋太康年间的侯官药山寺、侯官灵塔寺、怀安绍因寺、南安延福寺、欧宁林泉寺、建阳灵耀寺）之一。南朝梁普通（520～527 年）时，印度僧人拘那罗陀曾到该寺翻译佛教经典。该寺初建于距今址二里许的九日山上，唐大历三年（768 年）移建今址。宋元时代，延福寺的通远王祠，曾是地方官员为海外交通祈风祭祀之所。元代之后，此寺逐渐衰落。1988 年重建大雄宝殿，颇具规模。

2. 隋代的泉州佛教

泉州另一座历史悠久的佛教寺庙，是始建于隋代皇泰年间（618～619 年）的龙山寺，位于今晋江市安海镇型厝村北的龙山之麓，故名。原名天竺寺，又名普现殿。千余年来，几经修复，现存殿宇大都是近代建筑。寺中最有特色的千手千眼观音造像，取自一棵千年樟树的躯干，身高 4.2 米，两胁旁支 1008 只手，雕刻精美，结构匀称。台湾全省从此寺分支传衍的龙山寺有 490 座。该寺与位于东石镇龙霞村的龙江寺、东石镇北大庵山的竺世庵合称为上、中、下三天竺，这三座寺的原来建筑规模样式大致相似。

今晋江市于灵源山之南麓有座灵源寺，其始建年代无考。当地民间传说早在隋初就有名僧一粒沙来此驻锡。因有很多灵验的传说，故遐迩闻名。

3. 唐代的泉州佛教

唐代，泉州的社会经济、文化迅速崛起，为佛教在泉州的流传提供了有利的社会基础。佛教寺庙的兴建是当时佛教兴盛发展的重要标志。其中闻名中外的泉州开元寺（位于今泉州市鲤城区西街中段，一名紫云寺），始建于唐朝垂拱二年（686年），寺址原为州民黄守恭宅地。传说有一日黄守恭梦见一位僧人要求他舍宅建佛寺，黄守恭说："待桑树生莲花乃可耳。"几天后，黄守恭桑园里的桑树果然尽开莲花。于是，黄守恭即舍宅为寺，建大悲阁及正殿。该寺初名白莲瑞应道场，后赐额莲花寺，其后又屡改寺名，至开元十六年（728年），勅天下佛寺皆改名开元寺。唐乾宁四年（897年），泉州开元寺重建。其后历代屡有修缮，现主体格局形成于宋代。目前山门、拜庭、大雄宝殿、甘露戒坛、檀越祠、水陆寺保存有宋代石质建筑基础、台基、铺装等。藏经阁保存有元代石质建筑基础、台基、铺装。镇国塔（俗称东塔，建于南宋嘉熙二年至淳祐十年，即1238～1250年）和仁寿塔（俗称西塔，五代王审知于916年命建木塔7层，号无量寿塔，北宋改称仁寿塔，南宋时遭火焚毁，改为砖塔，又易为石塔）通体为宋代原物。这对石塔为我国最高的一对石塔，400多年前经受过八级大地震而屹立不倒。

开元寺建筑规模宏大，是中国汉传佛教重点寺院之一，也是福建省最大的佛教建筑群。开元寺见证了多元文化在泉州的汇聚与交融，寺内至今有许多富有中外文化交流特色的实物，例如印度教古代神话故事浮雕、狮子与人面狮身石刻、飞天乐伎等。该寺历史悠久，长期以来与日本佛学界交流密切。整座开元寺堪称中外佛教建筑艺术和宗教文化交流的大观园。

据清乾隆《泉州府志》等地方文献记载，唐朝创建的佛寺有40多座。

唐朝泉州出现了不少有名僧人，如匡护、昙静、怀晖、义存等。其中超功寺僧人昙静于天宝年间（742～756年），随鉴真和尚东渡日本，是福建历史上第一个赴日本的高僧，且影响较大。

综上唐代泉州著名寺院和僧人情况，可知唐代流传于泉州的佛教是十分兴盛的，因此，唐朝的泉州被称为"泉南佛国"。唐朝泉州佛教的宗派主要有禅宗、律宗和密宗，而以禅宗的势力最盛，对以后泉州佛教的影响也最大。

4. 五代的泉州佛教

五代时，泉州刺史王审邽、王延彬以及节度使留从效大造佛寺，有承天寺、水陆寺、崇先广教寺、空相院、保福寺、方广寺、法石寺、金池寺、玉泉广济院、凤凰寺、凉峰弥陀寺等数十座。其中最有名的就是承天寺。

承天寺位于今鲤城区老城区之南俊路，规制宏大，被称为"闽南甲刹"。五代周显德年间（954～960年）建，原址为当时清源军节度使留从效的南园，初名南禅寺。宋景德四年（1007年）赐名承天，另名月台寺。元、明、清时屡有修建。现全寺总面积5万多平方米，有弥勒殿、放生池、大雄宝殿、法堂、文殊殿。东翼依次为圆常院、广钦佛教图书馆、僧寮、客堂、龙王殿、大悲阁、五观堂、一尘精舍、祖堂等。

据泉州开元寺《紫云开士传》记载，唐与五代仅泉州开元寺门下，就有佛学各派宗师34人，其中以南禅宗、净土宗、密宗、法相宗和南山律宗为盛。曾先后住持泉州开元寺千佛院、招庆寺、承天寺的五代泉州著名僧人省僜所撰的《泉州千佛新著诸祖颂》和泉州招庆院僧静、筠合撰《祖堂集》，同为公元10世纪泉州佛教禅宗的典籍，二书反映了唐、五代中国佛教禅宗势力之兴盛，亦是研究唐、五代泉州佛教思想文化史的重要材料。

5. 宋代的泉州佛教

由于两宋时期泉州社会经济的发展，特别是南宋泉州海外贸易的发展，佛教寺院也积聚巨大的财产，因此宋代泉州的佛教虽然失去地方官员的施舍，但有宋一代，泉州的佛教僧人和善信，却兴起了历史上没有过的大规模的建寺、建塔、造桥工程，故宋代泉州继续保持了"泉南佛国"的称号。

五代遗留下来的泉州较大的佛教寺庙，在宋代一般都得到重修，而且也新建不少的寺庙，较著名的当推崇福寺。

崇福寺位于今鲤城区老城区之崇福路。宋初平海军节度副使陈洪进因爱女出家为尼，特地为她建此寺，并拓罗城包之。初名"千佛庵"，太平兴国年间（976～983年）赐名"崇胜寺"，至道中（995～997年）改名"洪钟寺"，元祐六年（1091年）改为今名"崇福寺"。全寺占地面积近20亩，千余年历经兴替。20世纪80年代以来，复建了大雄宝殿、天王殿、钟楼、鼓楼、大悲殿、藏经阁、客堂、僧舍等，整座寺宇焕然一新，十分壮观。寺内有洪钟、斜塔、千人鼎，称为"镇山三宝"。该寺近代以少林拳术闻名，门下弟子足迹遍及东南亚各国。

宋代泉州的佛教因寺院经济实力雄厚，做了不少社会公益事业，特别是僧人造桥尤其突出。宋代泉州十座著名大石桥的兴建和修建，有七座与佛教僧人有关：万安桥（俗称洛阳桥）、安平桥（俗称五里桥）、石笋桥（俗称浮桥）、凤屿盘光桥（即乌屿桥）、普利大通桥、玉澜桥、苏埭桥。

宋代泉州佛教寺院出现一批著名僧人，如戒环、定诸、宗己、法辉、本观、招庆、普足、庆老、有朋、了性、宗达、太初、道询等。泉州的佛教著名僧人，许多人是既精佛理，又会儒术，且通道法。

6. 元代的泉州佛教

元朝的统治者对各种宗教采取兼收并蓄的态度，在泉州出现世界各种宗教自传共存的盛况。

至元二十二年（1285年），宣政院功德使司刘鉴义，言于伯颜平章，奏合泉州开元寺一百二十院为一禅刹，赐额大开元万寿禅寺。次年又延请僧妙恩住持大开元万寿禅寺，为开山第一世。在妙恩禅师住持30多年中，又建禅堂、双桂堂、檀樾祠、伽兰祠和祖师堂。继任的僧契祖，住持大开元万寿禅寺垂40年，食常万指。因至元二十九年（公元1292年）远征爪哇失败而受处分的福建行省平章政事亦黑迷失，施舍全国一百所佛寺，据亦黑迷失刻立的《一百大寺看经记》碑文记载，当时泉州路接受亦黑迷失施舍的寺院、庵、接待有17所，19次，可见元朝泉州佛教是相当兴盛的。

元代泉州有不少著名僧人，其事迹收入清乾隆版《泉州府志》的有5人：如照、广漩、伯福、大圭、介胜。

7. 明清时期的泉州佛教

泉州在明代出现不少著名僧人，如正映、本源、吴容、正森、正派、广轮、本然、元贤等，他们在泉州弘扬佛教，兴建寺院，为佛教在泉州的传播做出一定的贡献，明末追随隐元和尚到日本的泉州僧人有木庵、大眉、悦山、慈岳、雪机、东岸、喝浪、独文、大鹏、慈庵等十人。其中以木庵最著名，他在日本继承隐元法席，成为日本黄檗宗的第二代祖师。

清代，泉州的开元寺、承天寺和崇福寺均为闽南的大禅寺，各地游方的僧人，都可以来挂单住褡。是时泉州出现了不少南禅的著名僧人，其中临济宗黄檗派的有超宏、海印、元飞、元飞、宗标等，曹洞宗的有元贤、机锐、太积、德萃、圆实等。

明清时期泉州均有在家居士，而清代泉州的佛教居士又有其不同的名称和特点，如居家设佛堂，长斋奉佛的男居士，俗称为"莱（斋）叔"，女居士俗称为"莱（斋）姑"。以后，"菜姑"的名称演变为女众带发出住寺院者的专称，而把在家设佛堂，长斋奉佛的女居士，称为"菜友"。朵莲寺、海印寺、庆莲寺和宿燕寺等四寺，是泉州女众出家集居的四大丛林，而以朵莲寺规模最大。

8. 民国时期的泉州佛教

民国时期，泉州的佛教界也出现不少著名的僧人，如妙月、元镇、广钦、广空、转逢、性愿、瑞今等，其中有的人不辞艰险，赴菲律宾、新加坡、马来亚和缅甸等国弘传佛法。尤其是中国名僧弘一法师（俗名李叔同）长期在泉州弘扬佛法，对泉州的佛化运动起了很大的作用。弘一法师在佛学、书法、金石、音乐、诗文等方面都有很高的造诣，被誉为南山律宗一代祖师，对泉州佛教界及社会有着深远的影响。

三、伊斯兰教、基督教、摩尼教、婆罗门教等

1. 伊斯兰教

泉州是伊斯兰教最早传入中国的地区之一，这里至今仍然生活着数以万计的阿拉伯人后裔，保留着浓郁的伊斯兰文化传统和众多史迹。

位于今泉州市丰泽区东湖街道凤山社区东南 200 米灵山南坡的伊斯兰教圣墓，安息着 7 世纪从阿拉伯航海来到泉州传教的"三贤""四贤"（伊斯兰教先知穆罕默德的二位门徒）。根据明代史学家何乔远《闽书·方域志》的记载，唐武德年间（618~626 年），穆罕默德派遣门徒四人来华，一贤传教广州；二贤传教扬州；三贤四贤传教泉州，卒葬灵山，称圣墓。现墓区占地面积约 300 平方米。墓身及墓廊建于唐代，墓盖石元代维修过。墓为两座东西并列的花岗岩石雕琢而成的伊斯兰教须弥座式墓，呈长方形，坐北朝南。廊内有石碑五方，正中一方为元至治二年（1322 年）立"重修圣墓碑"，刻阿拉伯文，记述三贤、四贤事略以及这座先贤墓历来受到阿拉伯穆斯林尊崇和保护的情况；右侧一方为明永乐十五年（1417 年）郑和下西洋路经泉州，来此墓祭先贤行香所立的汉文石碑。

伊斯兰教圣墓体现了中国与阿拉伯建筑风格的融合，墓身是传统伊斯兰教式样，墓亭则为中国传统式样。伊朗专家阿里窑萨哈瓦特和纳岱丽认为，在伊斯兰世界中，除了穆罕默德圣墓和阿里圣墓之外，泉州的三贤墓、四贤墓是历史最久、价值最高的古迹。

宋王朝在其"天子南库"泉州实行发展海外贸易政策，于元祐二年（1087 年）在泉州设置市舶司，又设立来远驿、蕃坊和蕃学，允许建立清真寺和外国人墓葬区。于是阿拉伯、波斯客商纷至沓来。

13 世纪，不断涌向中国东南沿海广州、泉州、杭州和扬州的穆斯

林客商，以泉州尤多，他们在当地建清净寺，设蕃坊。泉州发现的数逾百方的阿拉伯文、波斯文的墓碑石和清净寺石刻，从纪年看，大多数是元代阿拉伯、波斯的穆斯林遗物。

位于泉州市鲤城区老城区通淮街的清净寺，是全国唯一保留至今的宋代伊斯兰教寺，据该寺元代修寺阿拉伯文碑记说：

> 这是此地人们的第一个清净寺。这个吉祥之寺悠久古老、受人崇仰、既大又全，取名圣友寺。

该寺内另一方元至正九年（1349年）撰、至正十年（1350年）立、明正德二年（1507年）重刻的《重立清净寺碑》又说："今泉之礼拜寺增至六、七。"可见，元代泉州曾有多座清净寺。该座清净寺建于北宋大中祥符二年（1009年），现存建筑有门楼、奉天坛等，主体均为宋代原物，门楼北墙尖拱门上额镶嵌有元代重建时的古阿拉伯文石刻。建筑整体基本保持了宋元两代的建筑风格。奉天坛在门楼西侧，坐西面东，为阿訇率穆斯林诵经礼拜之处所，原有的屋顶结构不详，尚遗柱础及残柱9根。四周墙壁均为花岗岩石砌成，7个壁龛内分别浮雕有《古兰经》铭文。

泉州历年来发现的伊斯兰教阿拉伯文字墓碑，为我们研究古代泉州与阿拉伯、波斯的经济、文化交流提供了极为宝贵的物证。

2. 基督教

基督教于唐朝传入中国，当时称景教。景教何时传入泉州，我国历史没有记载。外国的文献在这方面有涉及，认为早在8至10世纪，景教就已经传入泉州了。

自明朝万历年间始，泉州陆续发现古基督教十字架碑刻。泉州著名的宗教文化学者吴文良先生在20世纪20至60年代，致力于搜集、保存和研究泉州古代的外来宗教石刻，他所发现和保存的数十方古代泉州的古基督教（景教和天主教）石碑，为元代基督教在泉州的传播提供无可辩驳的物证。

1940年，在泉州通淮门外津头埔出土了一方墓碑石，该墓碑是"皇庆二年（1313年）岁在癸丑八月十五日"由泉州聂斯脱利（景教）派基督教徒"帖迷答扫马"等人为死于泉州的"聂斯脱里教主教失里门师"竖立的，失里门的官方身份是元朝廷宣政院属下驻在泉州的"管领江南诸路明教、秦教"的也里可温教（景教）高级僧官。这表明元代泉州的基督教已十分兴盛，已是当时我国南方区域性的基督教传播中心。

至今为止，泉州发现的有纪年年代最早的古基督教墓碑立于"大德十年（1306年）岁次丙午三月朔日"，碑文的撰者为当时"管领泉州路也里可温掌教官兼住持兴明寺"，这就以实物证明元大德十年，泉州曾经有一座聂斯脱利（景教）派基督教教堂，其名则取中国寺院名称，叫"兴明寺"。

泉州在元代流行的基督教派别，除也里可温（景教）派别外，还有天主教的圣方济各会派，但不如聂斯脱里教派（景教）之盛。数十年来，在泉州发现的刻有拉丁文字的圣方济各会派教徒墓碑有两方。其中一方碑上雕刻的拉丁文字，经辨读认为墓碑纪年可能是公元1327年，而墓主则是安德肋·贝鲁亚斯。另一方是元代天主教徒海天的墓碑。

泉州发现的元代古基督教墓碑，可与中外历史文献中有关元代古基督教的记载相印证。

明万历三年（1575年），西班牙从菲律宾派遣以天主教奥士定会大主教为团长的四人使团来华，从厦门登岸，路过泉州，受到泉州当局友好的接待。

明天启元年（1621年），泉州人郑芝龙在澳门皈依了天主教，并取圣名叫尼古拉，以后在泉州安海的家里经常举行神父主持的弥撒仪式，并挂有圣人、圣女像。明天启五年（1625年），大学士叶向高邀请天主教艾儒略教士来福州，艾氏曾到泉州府城和永春县传教，吸收了数百名的教徒。当时与艾儒略论道的闽中名流中，有71人赠诗与艾儒略，其中22人是泉州人，占近三分之一。当艾儒略在福建传播天主教的时候，有泉州举人张赓等随行为书记。明崇祯八年（1635年），天主教教士聂伯多到泉州传教。至崇祯末年，泉州已出现13座天主教堂。

基督教各派乘机而入。近代闽南的基督教有三大派别，分别是美国的归正教公会，英国的伦敦公会和长老公会，他们在厦门站稳脚跟后，逐步向漳州、泉州发展。近代基督教各别派传入泉州，以英国的长老公会为最早，势力也最大。美国的美以美公会和安立甘教会亦先后于1870年和1874年从福州传入泉州。

1918年，中华基督教会成立，闽南三大教派均参加。1927年中华基督教代表大会成立中华基督教协进会，晋江县的华人牧师许声炎当选为副会长。1919年成立中华基督教会闽南大会，把闽南教区划分为五个区会，泉州地区有泉永区会与惠安区会。

3. 摩尼教

摩尼教于6至7世纪时传入新疆高昌地区，在9世纪中期传入福建及泉州。

《闽书》有记载：

> 会昌中汰僧，明教在汰中，有呼禄法师者，来入福唐，授侣三山，游方泉郡，卒葬郡北山下。

说的是唐会昌年间（841~846年），因武宗灭佛，祸及明教（即摩尼教），有一位呼禄法师（摩尼教僧侣）避难入闽，先到福唐（今福清县），又到三山（今福州市）传授摩尼教。后游方泉州，继续秘密传授摩尼教，卒葬泉州城北清源山下。清乾隆版《泉州府志·山川》载有南宋理学家朱熹的《清源山谒呼禄法师墓》一诗：

> 联车陟修坂，览物穷山川。
>
> 疏林泛朝景，翠岭含云烟。

祠殿何沉邃，古木郁苍然。
　　明灵自安宅，牲酒告恭虔。
　　胜蚕理潜通，神蚪亦蜿蜒。
　　既欢岁事举，重喜景物妍。
　　解带憩精庐，尊酌且流连。
　　纵谈遗名迹，烦虑绝拘牵。
　　迅晷谅难留，归轸忽已骞。
　　苍苍暮色起，反旆东城阡。

　　诗句"明灵自安宅，牲酒告恭虔"流露了朱熹对清源山下摩尼教呼禄法师墓的幽古之思。两条资料互相印证，摩尼教于唐代会昌年间传入泉州应是没有问题的。

　　摩尼教在唐代会昌后为适应生存，五代时改称明教。五代时徐铉写的《稽神录》里，收录了一个摩尼教（明教）在泉州活动的故事，虽然故事的内容荒诞不经，但却似乎在我们一个重要的历史信息，即五代时泉州有摩尼教（明教）的活动。

　　由于元朝统治者对各门宗教采取宽容的态度，故明教在元代颇为流行。前面我们在谈泉州元代的基督教史，曾提及"管领江南诸路明教、秦教"的高级僧官失里门，可证实元代泉州明教、景教实力之兴盛，需专门派驻专职高官管理，可见当年泉州多元宗教文化共存共荣的景象。虽然元代我国的明教遗址后来大多湮灭，但在今泉州市晋江市罗山乡苏内村的华表山麓，仍有座我国唯一保存至今的元代明教寺院——草庵明教寺。

　　草庵明教寺始建于南宋绍兴年间（1131～1162年），初为草构，因名"草庵"。元顺帝至元五年（1339年），改为石构，称"草庵寺"。该寺依山而筑，寺内岩壁雕有摩尼教创始人摩尼光佛造像，散发披肩，面相圆润，颚下两络长髯，垂落胸前，身着宽袖裳，结带为扣，双手相叠，掌心向上，结跏趺坐于莲座之上，法相庄严，衣饰简朴，风格迥异。造像巧妙地利用了岩石不同的天然色调进行雕饰，鬼斧神工，浑然天成。造像四周雕刻毫光四射的纹饰，更给人以一种神秘感，体现了摩尼教崇尚光明的教义。目前草庵保留有元代石质建筑基础、台基等，其他砖石、木构件为民国时期修建。摩尼光佛造像为元代原物。

晋江草庵明教寺内供奉的摩尼光佛造像为目前世界上所仅有，极为珍贵。1978年首届国际摩尼教学术讨论会在瑞典的隆德大学举行，会议特以泉州草庵的摩尼光佛造像作为会标，世界摩尼教研究会也以此作为会徽。

明正统以后的百余年间，未见有明教活动的记载。大约自明朝万历以后，草庵明教寺开始荒凉废圮了，直至清代，仍然是殿堂飘瓦零落，亭榭塌毁，残垣断壁。民国时期，草庵为佛教僧人所重建，被改造为佛教寺院，由僧人、尼姑住持。

4. 婆罗门教

婆罗门教又称印度教，公元7世纪以前称婆罗门教，公元7世纪经宗教改革后称印度教。

五代至宋元时期，许多印度佛教僧人来泉州传播佛教。有一方印度人挹伯鲁马尔（时为泉州港的一位港主）刻立的南印度泰米尔文字印度教石碑，碑文中有这么几句话："向庄严的褐罗致敬。原此地繁荣、昌盛。时于释迦历1203年哲帝莱月。"此"褐罗"即印度教的湿婆神，"释迦历1203年哲帝莱月"为公元1281年4月。

20世纪20年代以来，泉州城区发现和出土一大批印度教的石刻，据判断这批石刻是印度教寺庙和祭坛的建筑构件，如十六角形石柱、半人半兽柱础、哥林多式柱头、半鸟半兽门楣石、莲花瓣门框石、圆弧形屋盖石、雕刻湿婆神像的壁龛石、雕花梁架石、兽面人石雕、人面羽翼石雕、人面狮身石雕、毗湿奴立雕石像、石卧牛，以及十六角形石柱上雕刻的印度教神话故事和刻有"御赐佛像"的门楣石等等。这批具有元代石雕艺术风格的印度教石刻，除开元寺和天妃宫所存印度教寺建筑构件为外面移置之外，其他大都发现和出土于泉州城南南校场附近，这表明泉州城南于元代确有印度教寺和祭坛的存在。据明嘉靖《清源金氏族谱·丽史》所载，元代泉州城南乔平章宅建造蕃佛寺，有学者认为这可能就是印度教寺。明宣德八年（1433年）锡兰王巴来那后裔建置府第和创建印度教祭坛的地址，就在今日泉州城北的小山丛竹亭附近的地方。

5. 犹太教和日本教

犹太教。据史书记载，开封、苏州、扬州、杭州和广州都有犹太教之遗迹。元代泉州为著名世界大海港，其繁荣远远超过广州、杭州和扬州，亦有许多犹太人到此经商，因此，泉州也一定有犹太教的存在。元泰定三年（1326年），驻泉州的圣方济各会派安德鲁·贝鲁亚主教，在给意大利的瓦尔敦主教的信上说，当时泉州有犹太人居住，虽然朝廷允许宗教自由信仰，但犹太教徒和伊斯兰教徒坚持自己的信仰，而无一人改信天主教的，显然，元代泉州确有犹太教之存在。2001年10月，在泉州城区德济门出土的抱鼓石上首次发现一枚犹太教的"六角星"图案浮雕，据当时的新闻媒体报道，该石刻有可能是泉州宋元时期或更早的犹太教抱鼓石，如确实，可为宋元时期犹太教信徒在泉州的历史提供实物依据。

日本教。19世纪末传入泉州的日本教，实际为日本佛教净土真宗十大支派系中两个支派，即本愿寺派（即西本愿寺派，称西教）和东本愿寺派（即大谷派，称东教）。清光绪二十二年（1896年）以来，东教和西教都有派遣教士到泉州传教，因为是日本人的宗教，所以泉州人就称之日本教。现已销声匿迹。

泉州的宗教文物（含古建筑、古石刻、古墓葬等）被列入国家重点文物保护单位的有 10 余处（不包含被视为"准宗教"的民间信仰），其中较为著名的就有我们前面已提到的开元寺（佛教）、龙山寺（佛教）、老君岩造像（道教）、伊斯兰教圣墓（伊斯兰教）、清净寺（伊斯兰教）、摩尼光佛造像（摩尼教）、泉州府文庙（如儒教也算宗教）等。

第六章　跟随郑和下西洋

　　郑和下西洋是"海上丝绸之路"的延伸、扩展和升华。郑和下西洋的时间之早、历时之久、航程之远、次数之多、船舶之大、船员之众，在古代中国乃至世界航海史上，均为空前壮举。学术界认为，至明初永乐时期，我国的对外关系还是开放的，其主要标志，就是郑和下西洋这一历史事件的出现。明朝初期，政府依然把泉州看作一个重要的港口，永乐元年（1403年），明成祖恢复市舶司，福建市舶司的衙门仍在泉州。永乐三年（1405年），遵明成祖之令，泉州设置来远驿专门接待外宾，对于往来于泉州的外国朝贡使臣，皆宴劳盛待。就在这一年的六月十五日（1405年7月11日），郑和率领拥有27800人的庞大船队从南京龙江港启航，经太仓出海，开始了七下西洋的首航。郑和下西洋是中国古代历史上最后一件世界性的盛举，泉州人当然是不会缺席的。

一、郑和与泉州回族有血缘亲

1. 泉州发现两方古伊斯兰教圣裔墓碑

　　1952年，在泉州市区东南隅南校场城基内出土一方用辉绿岩石琢成的古伊斯兰教墓碑，碑尖作尖拱行状，正面阴刻的古阿拉伯文字是：

　　　　死者——殉教者，埃米尔·赛典赤·杜安沙·本·赛典赤·乌马儿·本·赛典赤·埃米兰·本·埃米尔·艾斯费赫萨拉尔·杜尔·比克尔，（祖籍）布哈拉人。愿安拉照亮他们的墓穴，使他们得居天堂。卒于702年2月9日。

背面阴刻的古阿拉伯文字是：

先知（愿安拉为其赐福、保其平安）说：死于异国，即为殉教而死。安拉的使者（愿安拉为其赐福、保其平安）说的是实话。主啊！求你宽宥、怜爱这葬身异土的虔诚墓主。

作为文物，这方墓碑石被称为"布哈拉人埃米尔·赛典赤·杜安沙墓碑"。

关于"杜安沙"家族的世系问题，据《元史·赛典赤瞻思丁传》载："赛典赤瞻思丁一名乌马儿，回回人，别庵伯尔之裔。其国言赛典赤，犹言贵族也。太祖西征，瞻思丁率千骑以文豹白鹘迎降。命入宿卫，从征伐，以赛典赤呼之。"传中的"别庵伯尔"一语，是波斯文的译音，其义是"先知先觉者"。这就是说赛典赤·瞻思丁是穆罕默德的圣裔。在古阿拉伯文字中，"杜安沙"不是具体的人名，是中亚人对贵族的称呼，意即"鹰王"；"本"在阿拉伯文中的意思是"儿子"，在阿拉伯人名中出现"本"，意味着"本"之前是其本人名，"本"之后是其父亲名，第二个"本"之后是其祖父名，第三个"本"之后是其曾祖父名，依此类推；"埃米尔"是称号，意即"首领"；"艾斯费赫萨拉尔"也是称号，意为军队的首领；"卒于702年2月9日"说的是回历，换算为公历是1302年10月1日。泉州这方"杜安沙"墓碑的发现，说明有一支穆圣的后裔，在元代来到泉州。

1959年，在泉州通淮街清净寺的乱石堆中又发现了一方用同一种辉绿岩石琢成的古伊斯兰教墓碑（长78厘米，高22.5厘米），是须弥座祭坛云式石墓的主要石垛之一，右角图案部分有残缺。碑中刻一长方形框，框中阴刻古阿拉伯文字一行：

杜安沙·本·乌马儿·本·赛典赤

作为文物，这方墓碑石被称为"赛典赤·杜安沙墓碑"。

这方碑石，仅仅写乌马儿之父的称号叫"赛典赤"，而不写他的人名全称。这或许说明，元代泉州地区，只有赛典赤这一家族，不可能会发生任何其他的混淆，只刻写称号"赛典赤"，更能突出和显耀他在当地的社会地位。因此，我们似乎可以更有把握地认为，杜安沙确实是赛典赤·瞻思丁这一家族的后裔，而这一家族是伊斯兰教的圣裔。

经研究，这两方古伊斯兰教墓碑来自同一座坟墓，很可能是同一个人，"乌马儿·赛典赤"为其墓主的先祖姓名。

2. 郑和家族也是伊斯兰教的圣裔

那么，我们在谈泉州人跟随郑和下西洋时，为什么要先提到这两方古伊斯兰教墓碑呢？原来，郑和的家族也是伊斯兰教的圣裔。

郑和的六世祖赛典赤·瞻思丁，在元太祖成吉思汗西征时，千骑归附，深受信任，命入宿卫，随从征战，历任元朝重要官职，卒封咸阳王，是郑和落籍云南的始祖。赛典赤·瞻思丁的子孙也历任元朝要职。自郑和祖父米的纳授昆阳侯后，始住昆阳。父米里金袭封并授云南行省参知政事（行省副长官）。入明后，米里金采用汉姓，改名马哈只。

郑和原名马和，为马哈只次子，明洪武四年（1371年）出生于昆阳州宝山乡和代村（今云南省晋宁县昆阳镇）。洪武十四年（1381年），傅友德率明军扫荡元蒙在云南的残部。次年，马哈只在战乱中病故，11岁的马和被傅友德部掳入军中，随至北平，后被阉而进入朱元璋第四子燕王朱棣藩邸充侍童，随朱棣左右在北境征战。明建文元年（1399年），朱棣发动"靖难之战"，起兵南下夺取皇位。28岁的马和随军屡建战功，于永乐二年（1404年）被明成祖朱棣封为内宫监太监（侍奉皇族的宫内机构首领）。后又因马和在郑村坝（今北京市大兴区境内）的一场大胜仗中表现突出，朱棣亲书一"郑"字赐给马和为姓，从此马和改为郑和。

3. 陈埭丁姓回族为"赛典赤回回瞻思丁"后裔一说目前尚缺乏有

力证据

元代泉州居民中有穆圣的后裔，这在元明时期的泉州社会中不少人都知道。明正德十年（1515年），陈埭丁姓回族第八世丁仪，在其族谱的《谱叙》中说："节斋公以上，仪家世莫详矣。"此后，陈埭丁姓回族的族谱中，对其先祖的来源问题，存在着两种说法：一种说法称始祖"节斋公自苏货贾于闽泉，卜居泉城"；另一种说法则称嘉靖十五年（1536年）丁衍夏记其伯父"出所藏毅祖手书裱褚一幅……记吾家由来之系示余，起句曰：由赛典赤回回瞻思丁云云"。但当时丁衍夏并未就陈埭丁姓回族先祖是为赛典赤·瞻思丁的问题作过论断，而是摆出两种不同说法，让丁姓后人去"博采而考之"。就目前看来，陈埭丁姓族人有明确史料可为依据的最早祖先为丁节斋，这是没有问题的。至于丁节斋以上先祖，早在16世纪初，丁仪已说是"莫详矣"，丁衍夏也说这问题可留待后人"博采而考之"。至今我们还没有找到明确的历史文献（或其他资料）记载，600年过去了，陈埭丁姓回族节斋公以上的家世仍然处于"莫详"状态。

但是，不管陈埭丁姓回族先祖是不是赛典赤·瞻思丁，由于上述"布哈拉人埃米尔·赛典赤·杜安沙墓碑"和"赛典赤·杜安沙墓碑"这两方古伊斯兰教墓碑的发现，郑和与泉州回族有血缘亲，已经是客观的历史事实。

二、跟随郑和下西洋的泉州人

郑和下西洋是15世纪中国居于世界领先的标志性事件，但令人惋惜的是，如今详细记载当年郑和七下西洋全过程的航海档案资料几乎荡然无存，500多年来，郑和档案的遗失成为有待破解的历史之谜。因此，有学者提出郑和下西洋的研究者应进一步拓宽查阅文献资料的视野，如谱牒档案、金石档案、水文档案及平时不易见到的一些有关私人撰述等。下面我们就顺此研究思路，介绍目前已知的当年下西洋的几位泉州人。

1. 邓回

2004年，泉州文史研究者在安溪县湖头镇湖二村邓国兴家中，发现了一部大概清代初期的手抄本《邓氏族谱》。该族谱第一页共4行字：

父讳功福公。

始祖伯讳仁公。从太祖平天下，官受南京留守卫。无传。

始祖讳起公。袭兄职，比试不中，调泉州卫习射将军。葬在平山岭水磨坑。生一男，讳回公。

二世祖讳回公。从郑和太监过西洋，号曰过番。葬在云谷室。配未详。生一男，讳铜公。

族谱中明确记载：明初邓回曾"从郑和太监过西洋"。邓起墓葬地"平山岭"（即朋山岭，"平"与"朋"在闽南语中音相同），邓回墓葬地"云谷室"在今大坪山。清道光《晋江县志》载："朋山岭，在三十九都，距郡城北十里。自双阳逶迤数里，叠上而高耸起此岭。其南尤陡绝，势如隔限前后，故曰朋山岭隔"；"云谷山，亦名大平（按：今书写为"坪"）山，在灵山左，有塔院，名云谷室，宋季建，明正统间重建。山上有'云谷'二字，僧应勒镌"。平山岭和大坪山均位于郡城郊区。又据该族谱记载：七世祖邓城"住泉郡北门"，其儿子在嘉靖己丑（八年，1529年）科中进士。这就告诉我们，至明朝嘉靖年间，七世祖邓城一家尚居住在泉郡城内。

晋江自唐开元六年（718年）置县以来，即与泉州（军、路、府）同治一城，至1951年析置泉州市（辖区为今鲤城、丰泽、洛江三区），县治才迁至今晋江市青阳镇。因此，从历史上的行政管辖范围而言，邓回应算晋江县人。

《邓氏族谱》保管人邓国兴的四世祖邓润于明成化二年（1466年）迁入德化涂坂，十一世祖邓炳于清康熙十一年（1672年）同十世祖邓杞自德化移入安溪感化里（湖头镇在民国以前分属感化、来苏二里）。该族谱是邓炳的儿子时修撰的。据邓国兴介绍，这本族谱是湖头邓氏一代一代传下来的，其祖父生前再三交代子孙要保管好。从族谱的纸质、文笔等看来，参与现场鉴定的专家学者认为应是清代的版本（该手抄本的时间或可认为是同治年间），其内容基本上可信。

　　随后，家住泉州市丰泽区东海街道大坪社区的一位文史研究者，在大坪山云谷寺（即云谷室）的遗迹附近发现了一块邓氏后人所立的邓回墓葬禁示碑。该碑的碑文有"二世祖泉州卫世袭指挥百户讳回公封茔自前明成化间安葬在宪东门外三十七都大棚山土名云谷室"等内容，与湖头《邓氏族谱》的记载相吻合。邓回任军职百户，在清道光《晋江县志》中有记载，为泉州卫右千户所的百户，任职时间是洪武年间，故随郑和下西洋时，其身份应已是军官。禁示碑文写刻于"光绪二十八年（1902年）"，是当时的晋江县令应邓回后人的要求而颁示的，目的是避免邓回墓葬遭到当地一些"恶势豪盗"的人为破坏及牛羊伤毁。示禁碑文明确记载邓回曾任泉州卫世袭指挥百户，随郑和下西洋时，其身份就不可能是普通的船工或士兵而已，而应当是有一定职位的随行人员，并有可能还带去了许多富有航海经验的泉州人，跟郑和船队一同远航。

　　据碑文所载，当时向晋江县正堂提出要求梳理示禁碑的邓氏后人，为德化县学蒲坂乡生员邓清辉等人，这正好与《邓氏族谱》所记载的邓氏先人迁移史（《邓氏族谱》保管人邓国兴的四世祖邓润于明成化二年迁入德化涂坂，"蒲坂"当为方言"涂坂"之谐音）吻合，且可印证《邓氏族谱》所记载内容的可信性。

　　2. 刘尾治

　　据永春县文化馆提供的资料，他们在早年的文物普查工作中，曾发

现城关《留安刘氏族谱》有一则与郑和下西洋有关的记载:

> 孟福,即字也,讳尾治,宗保次子,长训孙,次训生。公生建文己卯年十一月十一日卯时,年三十三,在南京当军,从官往番邦,故在思门达劣(按:即苏门答剌)。娶本里林氏青娘家,时二十九岁,闻讣痛悼,死而复苏。(某)帅慕其色,欲强娶之,林氏知势不可辱,阳许之。约妆理数日,俟其不防,襁负次女,以首饰赂守门者,夜出之,间关数千里,奔回故籍。时二子长女在家,氏躬纺织,长育而嫁娶之,孀居四十七年,内外无闲,享年七十有六。

由于这则记载侧重于表彰林青娘的贞节,故在叙述我们所想知道的刘尾治的有关情况时就相对简略。刘尾治"年三十三",按民间传统的算法,当为虚岁,时在宣德六年(1431年),这是郑和第七次下西洋的时间,"思门达劣"(苏门答剌)正是这次下西洋到过的地方。由于郑和船队是宣德五年(1430年)闰十二月六日自龙江湾开船,十日到徐山,二十日出附子门,二十一日到刘家门,六年(1431年)二月二十六日已达长乐港驻泊候风,因此,刘尾治"年三十三"应是其逝世于苏门答剌的年龄,而不是在南京入伍的年龄。林青娘得知丈夫殁于海外噩耗后,痛不欲生,某帅"慕其色,欲强娶之"。林青娘"以首饰赂守门者,夜出之,间关数千里,奔回故籍"。这说明当时林青娘正在南京军中,身份为随军家眷,可见刘尾治在南京军中时不是一般士兵,而是下级军官。从刚入伍时的普通士兵,磨炼到一名下级军官,这是需要时间的,因此,刘尾治的入伍时间,应在宣德六年之前。另据《明史》的记载,太监郑和于洪熙元年(1425年)奉命守备南京,是年刘尾治当已在南京军中。五年后,刘尾治能以一名下级军官的身份,被选调随郑和下西洋,说明他在军中表现出色,不是平庸之辈。

刘尾治是从南京出发随郑和下西洋的泉州人。

3. 吴旺

晋江民间传说今深沪镇科任村人吴旺曾随郑和下西洋，其事迹在科任村几乎是家喻户晓。该村位于海滨，村中一些年纪较大的老人，甚至还能随口很自然地用泉州方言说出吴望随郑和下西洋时到过的一些海外古地名，如暹罗（今泰国）等。有意思的是当代人编写的一些地方文史资料中都写为"吴望"，但村里的老人对来访者问起"吴望"时，有的是接着问话回答，有的则是加以纠正，说应该是"吴旺"吧。由于在泉州方言中，"望"和"旺"为谐音，字异音近，这在泉州人的口语表达中是司空见惯的事，因此，后人即把"吴旺"与"吴望"混为一谈，地方报纸在作有关报道时，也都写为"吴望"。

当我们去认真查阅泉州地方文献时，真的找到"吴旺"这个人。在明代晋江人何乔远（1558～1631年）所著的《闽书》卷之六十九的《武军志》中，明代泉州卫中千户所的几位百户中就有"吴旺，晋江人。今袭"的记载。在清道光《晋江县志》卷二十九的《职官志·武秩》所载的明代泉州卫中千户所百户的名录中，亦有"吴旺"的姓名，其后又以较小号字体注明"本邑人"。以前泉州的地方文史研究者曾因在地方文献中查找不到"吴望"这个人，便以为"吴望"是个传说中的人物，历史上是否有其人尚存疑待考，看来问题应该是出在人名异写上，所以才对不上。根据有关记载，当年跟随郑和下西洋立功回来后，有不少人晋升为百户。

据该村吴氏族人吴华法的介绍：吴旺出生时，是在海滨一处水窟里发现的，吴氏先人即把他抱回抚养。吴旺小时候水性很好，村里人认为他是"海獭精"（意为海獭转世，故水性才那么好）。吴旺随郑和下西洋，回来后因功被封为中营先锋将（"先锋将"是民间对武官的一种泛称，但也正好与吴旺为百户的武官身份大致相符），即在吴氏祠堂前竖立祠堂，以示荣耀（原吴氏祠堂所在地位于海滨，祠堂前尚遗存有古代显示功名的旗杆夹石)。

后来,吴旺又再次随郑和下西洋,遇害于吕宋(该村有的老人说是遇害于暹罗)。科任村以前还有他的假墓(即衣冠墓),现已不存。

深沪镇至今还流传着郑和下西洋船队曾在深沪湾停泊的民间传说,这也可视为吴旺当年跟随郑和下西洋的历史背景。

4. 蒲和日

1940年1月,当时在泉州主持教务的张玉光,与金德宝到德化县调查当地有无回族人,意外地在开香铺的蒲振宗那里发现了据说是当时福建蒲氏仅有的一本《蒲氏家谱》。该家谱是用宣纸正楷书写的,共有四个标题:一、蒲氏家言;二、蒲氏族谱凡例;三、谱;四、谱系表。由于时间的关系,两位先生只抄了后两部分的内容,并以《报告发现蒲寿庚家谱经过》为题,连同这两部分抄写的内容,发表于《月华》第12卷第1~3期。从谱中所记载的内容看来,《蒲氏家谱》应该是清代前期的版本。在《蒲氏家谱·谱系表》中有一则与郑和下西洋有关的记载:

> 日和,字贵甫,寿晟公次子。秉清真教,慎言谨行,礼拜日勤。元至正间,清真寺损坏,里人金阿里与之共成厥事,重修门第,皆以大石板砌成之,极其壮观,石匾额上镌有名字,至今犹存。至永乐十三年,与太监郑和奉诏敕往西域寻玉玺有功,加封泉州卫镇抚司。圣墓立碑犹存。

谱中所记蒲日和与郑和往西域和重修泉州清真寺等二事,以及官封镇抚之职,与《郑和行香碑》和现存的元至正间《重修清净寺碑》所载基本相符。只是《重修清净寺碑》只记"里人金阿里",而没提及蒲日和;家谱所记的"永乐十三年"显然是"永乐十五年"之误,称西洋为"西域"亦不够明确。主要问题在于"蒲和日"是人名(即姓蒲名和日)还是月日之泛指代词(即蒲月农历五月吉日)?如是人名,那么,"蒲和日"和"蒲日和"又是否为同一人？如最后能确认为同一人，则应以至今尚保存于泉州市灵山伊斯兰教圣墓的《郑和行香碑》所记的"蒲和日"为准。这样，《蒲氏家谱》所载的"蒲日和"就只能理解为转抄之误。

一般而言，"蒲和日"作为月日之泛指代词（即指称农历"五月吉日"），多用于文人私人之间的文字往来应酬，或是书画等艺术作品的落款，而用于官方的正式行文十分罕见。作为碑文，在最后的落款写了官衔之后紧接着应写其姓名而不写，为何隐去自己的姓名，令人费解。就目前看来，学者多倾向于"镇抚蒲和日随郑和第五次下西洋"的说法。

5. 白丕显

白丕显，又称白本头，泉州人。他入伍当兵后，随郑和下西洋。其下西洋的时间有1405年、1422年、1450年等说。据说白丕显随郑和船队到苏禄（即苏洛）后，因与当地摩罗族妇女相爱而留在苏禄，成为该岛的第一位华侨。他还应苏禄居民请求，担任当地行政长官，被当地人称为"本头公"。而《中菲关系史》则载为"木头公"，说他是郑和下西洋船队中的一位驾驶员，当船队停泊和乐岛的海岸时，曾离船登岸，往附近的深山幽谷去探险，不幸因中瘴气或被毒蛇咬伤，跄踉逃返泊舟的海滨，未及救治而死。郑和把他的尸体葬在和乐岛，即今之木头公墓。《菲律宾华侨史》也说"本头公"白丕显后来死于和乐岛。看来"木头公"可能是"本头公"笔误。

6. 侯显

侯显传在《明史·宦官传》中附于郑和传之后，他"有才辨，强力敢任，五使绝域，劳绩与郑和亚"。侯显除奉命"五使绝域"（二访西藏，三下西洋）外，据郎瑛《七修类稿》和郑晓《吾学编》的记载，侯显还于永乐五年（1407年）和永乐七年（1409年）两次与王景弘一起随郑和下西洋。明代人费信著《星槎胜览》说，明成祖继统后，"文明之治,格于四表,于是屡命正使太监郑和、王景弘、侯显等开道九夷八蛮,钦赐玺书礼币"。可见,侯显也是郑和下西洋是的一位重要人物。但《明史》没载侯显的籍贯。侯显的籍贯见载于晋江民间藏书家家中的《西山杂志·四监通异域》(清嘉庆十三年蔡秋兼抄本):"侯显,晋江侯厝人。"

7. 王景弘

《明史·郑和传》载:"永乐三年,命(郑)和及其侪王景弘等通使西洋。"称王景弘为郑和之"侪",这就意味着王景弘在首次下西洋就与郑和身份相等,即同为正使。可见王景弘是一位可与郑和相提并论的伟大航海家。至于在以后的第二次、第三次、第七次的航行时,王景弘均与郑和同行。但《明史》没讲王景弘是哪里人。晋江民间收藏的《西山杂志》称"王景弘,闽南人"。但这句话也太简单了,闽南何处?没有具体所指。不过,也为研究者指出了一个考证的方向。后来地方史研究者在明万历元年(1573年)《漳州府志》查到一条重要记载:"王景弘,集贤里香寮人,从太宗北征,后有拥立功。授其子南京锦衣卫正千户。"这条史料是迄今能查阅到的有关王景弘籍贯的最早的记述。就今日的行政区划建置,可以确认王景弘是福建省漳平市赤水镇香寮村人,这一带居民所说的方言亦属闽南语系。所以,晋江民间收藏的《西山杂志》书中称"王景弘,闽南人"是对的。

晋江民间还收藏有《毅轩杂志》一书,该书为"明陈春播原撰,紫竹居士辑录,毅轩斋抄译",据该书记载,毅轩斋主人是民国初期人。该书卷十三《名使录·王景弘》曰:

王景弘,字琛琳,先世家晋江卅都乌门乡,徙十都玉国,再徙八都东堡。父长庚,贾漳郡,始徙漳之天宝。生三子,景弘其季也,以洪武四年辛亥十月丁卯生于玉国乡。母蔡氏,东石女,闺名琬兰,知书识文崇佛。景弘幼聪慧,工诗词,谙熟梵文蕃语,擅少林拳，善正骨，为人颇具豪气。时十八，以应京兆试入都。初事燕王于藩邸，从起兵有功，累擢宦官。成祖疑惠帝亡海外，欲踪迹之，且欲耀兵异域，示中国富强。永乐三年，成祖命郑和及其侪王景弘等，将士卒三万七千八百余人，郑和擢钦差总兵正使，王景弘任副使。……自苏州刘家河泛海至福建五虎门，复自泉州寄泊，上九日岩祈风，诣清真寺、天妃庙祈祷，满载陶瓷、竹器、珠绣、锦帛、茶叶、清粉等数百种，历漳、潮、琼崖，首达占城，以次遍历西洋诸国，宣天子诏，因给赐其君长，使之朝贡，有不服者，则以兵慑之。此前景弘数度诣祖地晋江征集少林壮士及火长舵手……宣德九年，又出使苏门答腊。是年十月初七，景弘为救溺水之爪哇土著，不幸捐躯，终年六十三岁，葬爪哇国三宝村。后土民立庙祀之，称曰大明帝国钦差王副总兵。

记述的内容相当详细。《名使录·王景弘》称王景弘出生于晋江县十都玉国乡（今东石镇麦园村），后因其父经商才徙居漳州，这与"王景弘是漳州人"之说并不矛盾。就目前看来，并不排除王景弘祖籍是晋江的可能性。如果《名使录·王景弘》的这条记载能再进一步找到可信的旁证，那么，在确认王景弘是漳州人的同时，称王景弘祖籍泉州，也是泉州人，应该是可以的。根据《西山杂志·三宝下西洋》，王景弘曾特地来泉州进行航海组织活动：

永乐三年，命中官郑和、王景弘、张文等造大舶百艘。……王景弘，闽南人，雇泉州船以东石（施：今晋江市东石镇）沿海名舣等，引从苏州刘家港，至泉州寄泊。

到泉州来征租民间船舶充实船队，招募海员。漳州与泉州相邻，利用同讲闽南话和祖籍地人事关系熟等有利条件，再加上他怀有圣命，办好这类事显然是得心应手的。

8. 陈金汉

印尼第四任总统瓦希德曾多次公开宣称，他的先祖陈金汉是中国晋江人，原为伊斯兰教长老，在明永乐十五年（公元1417年）随郑和第5次下西洋时，辗转到印尼传道、开发繁衍至今。瓦希德总统还曾来泉州寻根找祖。

石狮市永宁镇的清代《下宅陈氏族谱》记载：颍川文范公之裔福禄公于明永乐十二年（1514年）调镇永宁卫，有子三人，长子明临公袭父职开基霞泽（即今下宅，泉州方言"霞泽"与"下宅"为谐音）；次子明深公为永宁卫千户，派籍永宁；三子明渊公仕金陵（今南京市），落籍金陵。因陈福禄长子陈明临（按明朝卫所军官世袭制，原则上是由嫡长男袭职）求安不仕，隐居于霞泽（故号"隐霞泽"），即改由次子陈明深袭父职为千户，镇永宁。经过多位泉州文史研究者及当地陈氏族亲数年不懈的努力，结果认为印尼原总统瓦希德的先祖陈金汉，就是明初晋江县人陈明深。陈明深应该是明永乐十五年（1517年）随郑和第五次下西洋，这年郑和船队因季节性的风向问题，在泉州的海湾停泊了几个月。至今石狮市永宁镇还有不少有关郑和第五次下西洋停泊当地的民间传说与史迹。其中有个传说，称郑和第五次下西洋时，身为伊斯兰教长老的陈金汉当时奉命陪同郑和到灵山圣墓行香，并向郑和介绍伊斯兰教在泉州的传播情况，后来即随同郑和下西洋，最后定居印尼东爪哇。

9. 蒲妈奴等人

根据中国第一历史档案馆《卫所武职选簿》即有关地方文献资料记载，当时福建卫所因参与郑和下西洋活动而立功受奖的军官还有福州右卫后千户所试百户蒲妈奴（晋江人）、镇东卫（卫署设在今福清市）中千户所试百户纪均安（晋江人）等人。而镇东卫中千户所试百户曾贵和福州右卫后千户所试百户郑寿保两人都是同安县人，明清两代同安县都是隶属于泉州府。

还有当时从泉州卫和永宁卫驻地登船跟随郑和下西洋而立功受奖的军官也不少。如：泉州卫的前千户所副千户石玉（籍贯不详），百户陈旺（当涂人）、李贞保（江都人），后千户所百户周寿（鄞人）；永宁卫的指挥使司指挥使干八秃帖木儿（宝坻人），指挥同知钟瑄（善化人），指挥佥事李实（凤阳人），左千户所副千户潘祐（东平人）、宋德（安肃人），左千户所百户徐海（全椒人）、李忠（大兴人），中千户所正千户穆赞（合肥人）等。

除了以上所述随同郑和下西洋的泉州人（包括驻军于泉州的外地人）中有名有姓者。至于其姓名不详者，那就更多了，清乾隆《泉州府志》载："明永乐中里人有从中官郑和使西洋者，奉（晋江青阳石鼓庙）香火以行，舟次恍惚，见其灵助，和还朝奏闻，敕封顺正王。"这些跟从郑和出使西洋的晋江县"里人"等，自然不在少数。

三、郑和下西洋，泉州留史迹

接下来，我们就再谈谈郑和下西洋时在泉州遗留下来的一些史迹。

1. 灵山圣墓行香与通淮街清净寺礼拜

郑和在永乐十五年（1417年）第5次下西洋时，曾到泉州东郊灵山伊斯兰教圣墓行香，祈求圣灵庇佑。事后立碑为记，至今尚存，碑文如下：

  钦差总兵太监郑和，前往西洋忽鲁谟厮等国公干。永乐十五年五月十六日于此行香，望圣灵庇佑。镇抚蒲和日记立。

碑文中的"忽鲁谟厮"，位于波斯湾和阿曼湾之间的忽鲁谟厮海峡以北，是波斯湾头的一个波斯重要海港城市。

郑和圣墓行香一事，在300年后，福建全省陆路提督军门漳州总镇西蜀马建纪于清嘉庆二十三年（1818年）撰写了《重修温陵圣墓碑记》

加以追记："明永乐钦差总兵太监郑和，前往西洋，行香于此，蒙其庇佑，为立碑记。"

清同治十年（1871年），提督福建全省陆路军务执勇巴图鲁盐亭江长贵也撰写了《重修泉州灵山回教先贤墓碑》，碑文有载："明永乐钦差太监郑和出使西洋，泊此蒙佑，曾立碑记。"

与郑和圣墓行香一事有关的三方碑刻至今人完好地保存在墓区回廊处。

另据《西山杂志》说，郑和首次下西洋时，还"至清真寺祈祷"。郑和作为虔诚的伊斯兰教徒，来到泉州，去位于府城内通淮街著名的清净寺做礼拜，这是顺理成章的事。

今天，我们在通淮街清净寺看到与郑和下西洋有关的历史文物，主要就是嵌在北围墙的那方明永乐五年（1407年）颁令的明王朝保护穆斯林"敕谕"石刻。该石刻四缘边框浮雕腾龙图案，上额刻篆书"敕谕"二字，框内阴刻十六竖行隶书。全文为：

敕　谕

大明皇帝敕谕米里哈只，朕惟能诚心好善者，必能敬天事上，劝率善类，阴翊皇度。故天赐以福，享有无穷之庆。尔米里哈只，早从马哈麻之教，笃志好善，导引善类，又能敬天事上，益效忠诚，眷兹善行，良可嘉尚。今特授尔以敕谕护持，所在官员军民一应人等，毋得慢侮欺凌。敢有故违，朕命，慢侮欺凌者，以罪罪之。

永乐五年五月十一日

2. 奏修泉州天妃宫和南安县九日山祈风

郑和下西洋时曾奏令福建镇守官修建泉州天妃宫，此事在泉州地方志中均有记载。乾隆《泉州府志》亦载：

永乐五年，以出使西洋太监郑和奏，令福建镇守官重新其庙。

自是节遣内官及给事中、行人等官，出使琉球、爪哇、满剌加等国，率以祭告为常。

南安九日山，素以"遣舶祈风"圣地而闻名于世。《西山杂志》中有记载郑和船队"至泉州寄泊，上九日岩祈风"。由纪念伟大航海家郑和下西洋580周年筹备委员会、中国航海史研究会编的《郑和史迹文物选》（人民交通出版社1985年出版），亦认证九日山"郑和下西洋的过程中，也曾到此（按：九日山）设祭，以求得一路平安，往来康济"。

3.《郑和航海图》中的泉州和晋江县的《针路簿》、三保街、水月池

航海图是海上航海者的行路指南，郑和船队在下西洋的过程中，积累了丰富的航海经验，汇集成中国第一部关于海洋地理的世界地图——《郑和航海图》，比国外认为的荷兰瓦格湿尔编制的"世界第一部印刷的航海图集"还要早一个多世纪。在航海图第10页，明确标注着多处当时隶属泉州府的地理名称和方位，足以说明泉州在郑和航海活动中发挥的重要作用。

这几处当时隶属泉州府的地方分别为：永宁卫（在今石狮市永宁镇）、泉州卫（在今泉州老城区）、崇武千户所（在今惠安县崇武镇）、祥芝巡检司（在今石狮市祥芝镇）、深户巡检司（在今晋江市深沪镇）、金门千户所（在今大金门岛，亦名浯州屿，时隶泉州府）、加禾千户所（在今厦门，时隶泉州府同安县）。

另有两处著名的航标：关锁塔（又称万寿塔、姑嫂塔），建于南宋绍兴年间（1131～1162年），在今石狮市宝盖山（海拔高度209.6米）顶，占地325平方米，塔高21.65米，背靠泉州湾，面临台湾海峡，有关锁水口、镇守东南的气势，为海上行船的重要航标；大武山，即今大门湾南镇海角的南太武山，高562米，山上有延寿塔，海舶归舟以为航标。

2017年，在泉州民间发现了一本《针路簿》。簿中详细记载了泉州境内包括深沪、永宁、祥芝等二三十个岛屿、港口的山形水势等，其中一句还明文写着：

> 永乐元年（1403年），奉旨差官郑和、李敏等出使异域，川往东西二洋等处，务要能选取山形水势日夜研究，不致有误也。

可见郑和在首次（永乐三年，即1405年）下西洋之前，就曾派人提前两年到泉州进行过实地考察，筹办出海事宜。

三保街和水月池遗迹在晋江市深沪镇。

"三保街"在深沪镇的南春村，虽说是"街"，实际上是村后山坡顶一条数里长的平坦地。据说以前这里还有一个俗称"店公店妈墓"的古墓葬，墓主是当年在三宝街开张店铺的店东，现已不存。"三保街"所在的山坡临海，可望深沪湾。

民间传说郑和在第五次下西洋前来过泉州，其船队有一百多艘船，后渚港容纳不了，即分出部分船只停泊于深沪港以候风。由于距起航还有好几个月，故船上的人员即上岸驻扎，其营房位于海滨渔村附近，直达村后山冈的半山坡，形成一条新街道，当地群众称之为"三保街"（或"三宝街"）。郑和船队离开后，三保街因没人居住而成为草木丛生之地，但三保街的地名却流传下来。

数十年前，当地人还在三保街遗址发现一些铜钱、水银、断砖碎瓦、破缸破瓦，甚至还从地下挖出了瓮装的木炭。20年前，当地群众又从深沪湾海滩挖出一根10多米长的碇木（即船锚的木柄）和舵的手把（大至可作一副轿担）等。民间均称这些是郑和下西洋时的遗留物。该大型碇木经专家鉴定是五六百年前的遗物，被认为与郑和下西洋的船队有关系。

距三保街约一里许，有称"日月池"的两口大水井，当地群众说，日月池是当年郑和驻军为取饮用水而开凿的小池，后来被砌成井，仍沿称"日月池"。

4. 惠安县的接官亭、郑和堤和三宝宫

接官亭和郑和堤在惠安县东南海滨的百崎乡（现属泉州台商投资区，福建省唯一的回族乡）。

接官亭在百崎渡口，与泉州后渚港隔海相望。该亭占地将近50平方米，整个亭盖由20根石梁及16根方形石柱支撑。四边石柱共12根，围成一大"口"形，中央石柱4根，围成一小"口"形，这16根石柱的基础位，恰好组成一个"回"字。

关于接官亭的由来，当地有一个与郑和下西洋有关的传说。明永乐十五年（1417年），郑和第五次下西洋时，其船队曾在泉州后渚港驻泊候风。一日，郑和到泉州清净寺礼拜，结识也来寺中做礼拜的郭仲远。出于同族同教情谊，郭仲远热情邀请郑和到百崎村做客，郑和欣然前往。百崎村的郭氏回民受宠若惊，苦于乡下一时无驿站接待，只好在百崎村西侧渡口这座现成的石亭摆设香案，恭迎钦差太监大驾光临。此亭后来遂名"接官亭"。据说当时郑和还为郭仲远第五子（或说是第七子）郭仕昭说合与郑指挥之女的婚事。当天还在百崎村渡口这座石亭向他们送贺喜之礼，所以"接官亭"又叫"送嫁亭"。

百崎还有一条郑和堤，约有730多米长。顾名思义，这郑和堤显然与郑和有关。民间传说当年郑和船队下西洋前在泉州候风，有部分官兵驻扎在百崎村，乡民称之"郑和军"。由于风潮海浪常浸漫莲埭一带，郑和即命令"郑和军"在埭上村修筑海堤以阻海潮，使村庄在大潮时免遭水淹，堤内滩地亦成良田。民感其恩德，即取名"郑和堤"以志永铭。

百崎村的接官亭和郑和堤，是在郑和下西洋历史背景下形成的特有文化产物。

三宝宫在惠安县东南海滨的东园镇（与百崎乡相邻，现属泉州台商

投资区）的琅山村。该村位于泉州湾入口处的右侧，面临大海，遥对泉州后渚港。过去，这里是个澳，可以泊船避风，先辈多以海为生，乡民十分富庶，素有"金小蔗、银埕边"之称。后来该村也伴随着刺桐港一道兴与衰。

琅山村这座三宝宫就在澳边，现宫为1987年重修的小庙，内奉祀一式三尊青石雕坐姿石刻佛像。村中的许多老人皆称三宝佛俗姓郑，是海底神，即航海者的保护神，能使海上船只逢凶化吉，所以远近船民出海总会到此祈拜求平安。据说万一逢有不测风涛，海底神会将船托送靠岸。宫内尚有一辉绿岩石雕香炉，正面刻有文字，虽然年久有些风化，仍依然可辨，中刻"三宝尊佛"，左刻"光绪丙申（按：1896年）"、右刻"郑家弟子敬"。

因此，基本可以认为三宝佛应是三保太监郑和。

与琅山村相邻的秀涂港边小墦村墺和坡头村墺，也分别建造两座的"三宝宫"。

第七章 "海丝"之路再扬帆

在先秦文献中，有两部对后来影响深远的古籍，一为《山海经》，一为《庄子》。然而，这两部古籍之中分别记载的两句话对后世的影响却有天壤之别，"闽在海中"出自著述较早的《山海经》，如今只有少数研究者才会去关注，而且解读不一；如今连小学生都知道的成语"望洋兴叹"，则出自著述稍迟的《庄子》。"望洋兴叹"出处的典故，原意讲的是河神与海神相遇，最后竟导致了一个无可奈何之"叹"。这或许可从一个侧面反映了我国传统文化中对大河文化（又称农耕文化、黄色文化）和大海文化（又与黄色文化对应而称为蓝色文化）认识的差异。《山海经》中还记载了一个大家所熟知的故事"精卫填海"，这充分反映了我国远古时代的先民希冀从海洋中获取生存空间的强烈愿望。应该说，海洋的蓝色本来就应该是我国传统文化的主要色彩之一。600多年前郑和下西洋的壮举，扬国威于海外，又积勇气于后人。面对浩瀚的大海，我们的祖先并非毫无作为，这使我们在今天倍加自豪和自信。21世纪是龙的世纪，中国梦是一个令人振奋的梦想，它让每一个中华儿女感到了前途的召唤和自己的使命。由于地理位置、社会发展等因素的直接影响，泉州的历史，就是一部被蓝色浸透的历史，近年有一首泉州人所熟悉的歌唱泉州歌曲《蓝蓝的泉州湾》，开头两个字就是"蓝蓝"。改革开放以来的泉州，其文化更凸显出时代的蔚蓝色，在世界的舞台上，吸引了越来越多赞许的目光。

一、古代"海丝"文化与当代民营经济

通过前面六章的介绍,我们对"海丝"名城泉州的历史应该已经有个大致的了解了。关于海上丝绸之路的含义,我们再来听听专家学者是如何说的。

国家文物局水下文化遗产保护中心曾与中国文化遗产研究院联合组队,开展了海上丝绸之路的主题研究。国家文物局水下文化遗产保护中心考古研究所所长姜波研究员认为,海上丝绸之路的含义可以这样表述:"这是古代人们借助季风与洋流等自然条件,利用传统航海技术开展东西方交流的海上通道,也是东西方不同文明板块之间经济、文化、科技、宗教和思想相互传输的纽带。"在这条连接东西方纽带上相互传输的"经济、文化、科技、宗教和思想",首先就是经济。

泉州人适应自然条件而长期依赖海洋、发展海上交通和海外贸易的历史,使他们的生活和思想方式与传统农耕文明下的生活和思想方式大异其趣。泉州古代"海丝"文化的实质,在于目光远大,勇于进取,敢于冒险,重视商贸,具有明显的重商主义价值取向。这种文化特质,在世界经济发展的大格局中,具有强大的生命力。

改革开放以来,在泉州的国民经济发展中,民营经济成为主体,而外向型的民营经济,则是这一主体中最具活力的部分。早在 20 年前,就有学者对当时泉州外向型民营经济的发展,从总体上总结为如下几个特点:

第一,起步早。早期民办的街道企业和乡镇企业皆已经历三个发展阶段,即从最初的"三来一补"起步,经过联营、扩散,到大力转外向、并形成格局。后来又与时俱进,出口产品由单一向系列转变,由粗加工、低档次向精加工、高档次转变,由劳动密集型产品向技术密集型产品转变，由出口传统工艺品向新潮产品转变。

第二，速度快。一方面指国有企业嫁接、转让、联合等方式一起上，另一方面是指各个企业的发展快。鲤城区街道工业，1985年工业总产值仅5875.31万元，出口交货值完成2087.6万元。到1993年，工业总产值就完成197221万元，出口交货值82659万元。

第三，规模大。一是这类企业已成燎原之势，从沿海到山区，从传统行业到高新技术行业，并且从内资到外资，包容各种所有制；二是出现了许多"大个头"，根据当时的统计材料，有的企业资产达26亿元，全市45个乡镇企业集团产值超过50亿元。

第四，外向度高。在长期的发展过程中，泉州民营经济已开辟了广阔的海外市场，表现出较强的辐射力和吸引力，涌现出一大批深受外商欢迎的"闯天下"产品。随着知名度的提高，它又吸引众多外商投资，据外经贸委统计，自1980年至1994年6月底，外商投资累计项目共有4388个，投资总额603541万美元。此外，还有许多企业跨出国门办企业，到各处边境进行边境贸易。

第五，科技水平较高。这类企业很重视科技投入，在从国外引进大量先进设备的同时，有很重视对老企业技改。据统计，全市这类企业投入的技术改造资金每年都达3亿元以上。为了提高科技水平，这些企业还广泛购买技术和引进人才，兴起民办科研机构热。当时在省、市政府的关怀、计划、扶持下，鲤城、晋江、石狮等已逐步形成高科技走廊区。正因为这样，这类企业产品的科技含量普遍较高，有的甚至达到国际先进水平，有的还申请了专利。

第六，经营领域广阔。较早的民营企业因资金的限制，只能在非常狭小的领域中生存。后来随着资金的积累和引进、联合，已经向原先所不敢涉及的领域进军，从电子电脑等高精行业，到化工、建材、机械等生产资料，到食品、服装、房地产、娱乐等生活资料的生产，均已形成一定的规模，并且形成龙头，有的还成了支柱产业，像建材、服装、电子、食品等。各地都推出一大批名、优、特产品，并由此带动同行和相关行业的发展。

第七，发展有组织。从微观上看，这些企业早期大多采取股份合作制形式。在此基础上，各企业又形成了许多企业集团，以优势产品为龙头，以骨干企业为核心，以资产为纽带，联结一批相关企业，由是而扩充了外向经营的队伍。此外，在20世纪90年代，泉州还组织了若干有影响规范化的股份有限公司，有的还发行了股票。从宏观上看，当时泉州市政府站在更高的视位上，把民营企业的发展纳入国民经济发展的轨道内，既为它的发展创造许多软硬条件，提供各种服务，又为它们的外引内联牵线搭桥，甚至想方设法举办形式多样的"会""节"，广招四海客商前来与他们洽谈业务、投资。

第八，造就了一大批精明能干的企业家。他们在艰苦创业、开拓市场的过程中，形成了和原来的国有企业不同的经营机制。有人这样描述这些民营企业家：危机感和紧迫感，迫使其兢兢业业探索前进，没有老路可走；实行厂长（经理）负责制，没有皮球可踢；自负盈亏，没有"大锅饭"可吃；干部能者上庸者下，没有"铁交椅"可坐；创业艰苦，居安思危，没有平稳日子可过；机构精简，办事效率高，没有闲置人员；适应市场要求，以销定产，随机应变，没有"铁拐杖"可拄。这在当时国内是较为先进的经营观念。

2002年，福建省把民营特色、爱拼善赢、永续创新、不断提升等民企发展特点归纳总结为"晋江经验"。当时的福建省领导着重谈到了晋江的拼搏精神："晋江人民在历史上就敢拼、爱拼、善拼，敢为天下先。在改革开放的大潮中，晋江的广大干部群众和企业家们，一直是在市场竞争最为激烈、附加值又很小的传统产业领域中摸爬滚打、逆势而上，在逆境中求生存、求发展。晋江人民正是凭着这种'爱拼才会赢'

的顽强拼搏精神，硬是把制鞋、纺织服装、陶瓷建材、食品、纸制品、制伞六大传统产业发展成为晋江的支柱产业，集'中国鞋都''中国纺织产业基地''全国食品工业强市'等称号于一身，并有多种产品的市场占有率居全国第一。"

从此，"晋江经验"成为促进晋江、泉州乃至福建全省民营经济持续健康发展的精神力量。2011年11月，在中共福建省委第九次党代会的报告中，用"爱国爱乡、海纳百川、乐善好施、敢拼会赢"十六个字概括了"福建精神"。这十六个字是一个相辅相成、有机协调的整体，鲜明地展示出包括泉州人在内的福建人精神品格，是有别于其他区域文化精神的标识。就福建本身而言，福建精神的这四个方面，在八闽大地的各区域文化中，其表现程度可能也会各有所侧重。例如在讲"敢拼会赢"这四个字时，人们可能在第一时间即会想到泉州。至2016年，晋江已连续23年位居福建省县域经济总量第一位，第16年跻身中国百强县市前十行列。全年完成地区生产总值1744.24亿元，同比增长7.8%。

谈泉州人的性格，应该看到这种内在的精神气质所发挥的重要作用。

2016年，面对错综复杂的国际国内形势和持续加大的经济下行压力，泉州市委市政府全力推进"创新、智造、海丝、美丽、幸福"现代化泉州建设，扎实推进供给侧结构性改革，坚持稳增长、调结构、转方式、补短板、惠民生，"晋江经验"和"泉州模式"焕发出新活力，经济社会保持平稳健康发展，实现了"十三五"良好开局。根据泉州统计信息网公布的数据，全年实现地区生产总值（GDP）6646.63亿元，按可比价格计算，比上年增长8.0%，经济总量连续18年保持全省第一。

回顾泉州改革开放以来近40年的发展过程，学术界认为："泉州经济、社会、文化事业的高速腾飞实得益于其源远流长的海洋文化性格。"

二、创建 21 世纪海上丝绸之路先行区

2013年11月9日至12日，中国共产党第十八届中央委员会第三次全体会议在北京召开。全会提出"推进丝绸之路经济带、海上丝绸之路建设，形成全方位开放新格局"，2014年初全国"两会"期间李克强总理所作的政府工作报告中，明确提出"抓紧规划建设丝绸之路经济带、21世纪海上丝绸之路"。建设21世纪海上丝绸之路的倡议提出后，泉州的地位再次凸显，爱拼会赢的泉州人闻风而动，率先申报设立"21世纪海上丝绸之路先行区"。

其实，泉州的"先行"起步较早，早在2001年4月，泉州就正式启动"海上丝绸之路：泉州史迹"申报世界文化遗产工作。当时泉州设立了高规格的协作机制，在"海上丝绸之路：泉州史迹"申报世界文化遗产领导小组办公室（简称"海丝办"）下设了综合秘书组、文本编写组、宣传展示组、环境整治组、规划测绘组5个工作组，具体负责"海上丝绸之路：泉州史迹"申报世界文化遗产的各项事务。这次，泉州申请设立21世纪海上丝绸之路先行区，其优势条件是相当明显的。自2001年4月泉州正式启动"海上丝绸之路：泉州史迹"申报世界文化遗产工作以来，至2014年再申报设立"21世纪海上丝绸之路先行区"，已有13年过去了。就当时看，泉州申报设立"21世纪海上丝绸之路先行区"的条件相当充分：

1. 从历史渊源看有三大优势。

其一，泉州是我国获得联合国认定的"海上丝绸之路"起点城市。古代"海上丝绸之路"在中国的范围主要包括山东蓬莱，江苏南京、扬州，浙江宁波，福建福州、泉州、漳州，广东广州，广西北海9个关联城市；其中，泉州是获得联合国认定的"海上丝绸之路"起点城市。

1991年2月，联合国教科文组织派出来自30个国家和地区50名专家和记者组成的"海上丝绸之路"考察队前来泉州考察并召开"中国与海上丝绸之路"国际学术研讨会，会议认定中国是世界海洋文化的发祥地之一，泉州是"海上丝绸之路"的起点。

其二，泉州"海上丝绸之路"文化遗存丰富，为全球古代港城所罕见。泉州的"海上丝绸之路"文化遗存之丰富、保存之完好，代表性、典型性之杰出，均为世界古代港城所罕见。航海与通商方面，拥有万寿塔、六胜塔等古航标塔，石湖码头、美山码头和文兴码头的古码头。九日山祈风石刻、真武庙、天后宫等航海祭祀史迹，磁灶窑系金交椅山等古窑址；城市史迹方面，包括已有960多年历史的洛阳桥、780多年历史的德济门遗址等；多元文化方面，道教的老君岩造像、佛教的开元寺、伊斯兰教的清净寺和三贤四贤墓、摩尼教的草庵摩尼光佛造像等多元文化兼容并蓄、和谐共存，泉州被誉为"世界宗教博物馆"，联合国教科文组织将全球第一个"世界多元文化展示中心"定址泉州，这些也有力证明了泉州在"海上丝绸之路"中重要的历史地位。

其三，泉州拥有最广泛的侨亲网络。作为全国重点侨乡，泉州籍华侨华人总数达750多万人，分布在100多个国家、地区，且90%以上分布在与"海上丝绸之路"密切相关的东南亚国家。泉籍华侨、华人在100万人以上的有印度尼西亚、马来西亚、菲律宾，在10万人以上的有新加坡、泰国、缅甸、越南、美国。旅居港澳地区的泉籍乡亲有75.52万人（其中香港69.4万人，澳门6.12万人），泉籍海外华侨华人及港澳同胞人数占福建省60%左右，在全国25个设区市重点侨乡中位居第一。祖籍泉州的台湾同胞达900多万人，占台湾汉族同胞44.8%，全市现有台属近16万人。

2. 从现实基础看有四大优势

其一，泉州经济基础扎实。2013年全市生产总值达5250亿元，贡献了近福建四分之一份额，连续15年全省排名第一（按：到2017年泉州市经济总量连续18年位居全省首位）。素有"民办特区"之美誉，被列为全国18个改革开放典型地区之一；全市工业总产值超万亿元，形成了石化、纺织服装、鞋业3个产值超千亿元，装备制造、建筑建材、食品饮料3个产值超500亿元的产业集群。

其二，外向型经济活跃。改革开放以来，泉州对外贸易迅速崛起，出口渠道不断拓宽，外贸进出口从1979年的0.04亿美元增长到2013年的291.5亿美元，年均递增30%；出口从1979年的0.02亿美元发展到2013年的164.9亿美元，年均增长30%。泉州经济外向度不断提高，与190多个国家和地区建立了贸易往来关系，每年进口数亿美元用于再生产的初级产品，如苯乙烯、初级形态的塑料产品、合成纤维纱线、纸浆、钢材等，保障了工业生产的原料供应；出口产品分布涉及轻工业品、重工业品及机电、高新技术品等宽广领域，并成为我国服装、运动鞋、陶瓷及工艺品、竹藤制品等出口商品的主要产地。

其三，侨商资源丰富。泉州拥有影响广泛的"世界侨商"群体，据不完全统计，目前在全国各地投资兴业的"泉商军团"有100多万人，在海外从事商业的泉籍乡亲有600多万人，分布在世界各地的海外工商社团77个。泉商已成为全国地级市人数最多、比例最高、分布最广、影响最大的投资者、经营者群体之一，他们也早已从商业贸易向先进制造、现代服务行业，走向金融、商业地产、城市综合体开发、海洋新兴产业等领域。

其四，开放平台成体系。泉州拥有泉州台商投资区、泉州经济技术开发区、泉州高新技术产业园区、泉州出口加工区等四个国家级开发区，有7个一类一级口岸、1个一类航空口岸（泉州晋江机场）、福建省第一个陆地港——晋江陆地港，以及一批保税区、保税仓。

还有，从未来潜力看，还有政策、文化、海洋三大优势。

因此，我们有理由相信，泉州作为海上丝绸之路起点城市，具有独特资源和条件，有能力、有义务在建设"21世纪海上丝绸之路"中发挥"桥头堡"作用，为我国实施海洋战略贡献更多力量。

2016年1月，泉州市海上丝绸之路先行区建设推进协调领导小组召开会议，审议通过了国家发改委国际合作中心编制的《泉州建设21世纪海上丝绸之路先行区发展规划》（以下简称《规划》）。《规划》旨在将泉州打造成为我国连接海陆丝绸之路的新枢纽和建设21世纪海上丝绸之路的先行区，将成为指导和推动今后一个时期泉州建设"海丝"先行区，推进福建"海丝"核心区建设，主动融入和服务"一带一路"建设，以及编制相关专项规划的重要依据。规划期为2015至2025年，远期展望至2050年。按照《规划》，至2020年，泉州将在"海丝"先行区关键项目、经贸合作、文化交流等方面取得新突破、新进展、新成果，实现一批早期收获项目，人均GDP与经济发展速度在"海丝"核心区中居于前列。至2025年乃至21世纪中叶，将陆续实现中期和远期目标。为此，泉州将加强体制机制创新，优化政策环境，加强对外合作，强化组织保障，鼓励公众参与，致力将泉州建设成为21世纪海上丝绸之路先行区，在福建"海丝"核心区建设中发挥先行示范作用，为国家"一带一路"建设探索路径、积累经验。

三、"古泉州（刺桐）史迹"申报世界文化遗产

2017年1月26日，作为古代海上丝绸之路代表性港口城市，"古泉州（刺桐）史迹"获推荐申报2018年世界文化遗产。《福建省"古泉州（刺桐）史迹遗址"文化遗产保护管理办法》，自2016年3月1日起施行。

"古泉州（刺桐）史迹遗址"提名遗产位于以泉州城区为核心的泉

州湾地区，分布在泉州城区和城南的晋江市、石狮市，城西的南安市及城东的台商投资区，包括万寿塔、六胜塔、石湖码头、江口码头（文兴码头、美山码头）、九日山祈风石刻、真武庙、天后宫、磁灶窑系金交椅山窑址、泉州府文庙、老君岩造像、开元寺、伊斯兰教圣墓、清净寺、草庵摩尼光佛造像、德济门遗址、洛阳桥，共16个提名点，遗产区面积总计101.14公顷，缓冲区面积总计581.82公顷。该系列遗产可以分为"航海与通商史迹""多元文化史迹""城市建设与陆上交通史迹"三类。这些遗产体现了古泉州（刺桐）作为宋元时期东方重要港口城市的历史地位、航海和贸易传统，以及因国际交流而形成的社会文化特征，从不同的角度勾勒出10至14世纪（宋元时期）泉州作为海上航运和贸易线路体系的重要国际港口城市的繁盛图景；见证了古泉州（刺桐）在从公元10至14世纪间，东西方经济和文化交流史上的重要地位、泉州地区活跃的海洋活动以及中国东南沿海航海技术的发展、人与自然和谐并存的独特海洋观和海神崇拜的形成与传播、世界与泉州地区多元宗教文化的交流、融合与和谐共存。该系列遗产与"郑和下西洋"这一重大事件直接关联，与《马可·波罗游记》《鄂多立克东游录》《伊本·白图泰游记》等古代历史文献有直接关联。这些事件、传播活动和文献曾经对中国乃至世界历史产生了重要影响。

今天，"海丝"之路再扬帆。智慧、勤劳、爱拼善赢的泉州人，正满怀豪情地谱写着"海丝"文化的新篇章。泉州的明天会更美好！